희귀한 우리아이 호기심을 키워주는
파충류백과

감수 · 박은호(한양대학교 생물학과 명예 교수)

서울대학교 문리과대학 동물학과를 졸업하고 서울대학교 대학원에서 이학(동물학) 석사와 이학 박사를 받았습니다. 함부르크대학교 동물학연구소 및 동물학박물관에서 알렉산더 폰 훔볼트펠로 연구 활동을 했으며, 한국동물학회 회장(2002), 한국생물과학협회 회장(2006), '2007 생물학의 해' 사무총장을 지냈습니다. 국내 최초로 〈사이언스〉에 논문을 발표했으며, 동물학 관련 국제학술지에 32편의 동물학 연구 논문을 게재했습니다. 제6차 교육과정 중학교 과학, 고등학교 생물교과서를 저술했으며, 《표준국어대사전(국립국어원 편)》의 동물 표제어와 동물 삽화를 감수했습니다.

지음 · 박영란

1970년 서울에서 태어나, 대학에서 국문학을 공부했습니다. '어린이 책을 만드는 사람들'에서 동화 공부를 시작해, 좋은 어린이 책을 기획하고 쓰는 데 힘을 쏟고 있습니다. 지금까지 쓴 책으로는 《놀면서 배우는 스포츠 백과》 《무엇일까요!》 《자린고비와 달랑곱재기》 《도깨비 옷에 구멍이 뿅》 《소녀들의 끼를 살려 주는 재능백과》 등이 있습니다.

그림 · 권찬호

중편 《귀여운 연인》으로 만화계에 입문했습니다. 펴낸 책으로 《출동! 우당탕 삼총사》 《쿠키쿠키》, 〈퀴즈! 과학상식〉 시리즈의 《실험 · 관찰》 《공부 과학》 《황당 수수께끼 과학》 《SOS 생존 과학》 《황당 캠핑 수학》 《최강 개그 과학》 《황당 요괴 수학》 《황당 개그 수학》 《황당 텔레비전 수학》 《최강 로봇 수학》 《사물 인터넷 과학》 《엉뚱 실험 수학》 《황당 측정 수학》 등이 있습니다.

2025년 1월 20일 개정판 10쇄 펴냄

지음 · 박영란 **그림** · 권찬호 **채색** · 이주보, 최윤열 **감수** · 박은호(한양대학교 생물학과 명예 교수)
사진 제공 · (주)유로포토서비스

펴낸이 · 이성호 **펴낸곳** · (주)글송이
편집/디자인 · 임주용, 최영미, 오영인, 이강숙, 김시연 **마케팅** · 이성갑, 윤정명, 이현정, 문현곤, 이동준
경영지원 · 최진수, 이인석, 진승현

출판 등록 · 2012년 8월 8일 제2012-000169호 **주소** · 서울시 서초구 능안말1길 1 (내곡동)
전화 · 578-1560~1 **팩스** · 578-1562 **이메일** · gsibook01@naver.com

ⓒ글송이, 2015

ISBN 979-11-7018-118-7 74400
    979-11-86472-78-1 (세트)

*이 책은 저작권법에 따라 보호받는 저작물입니다. 무단 전재와 무단 복제를 금지하며, 이 책의 내용이나 사진의 전부 또는 일부를 이용하려면 반드시 (주)글송이와 사진 저작권자의 서면 동의를 받아야 합니다.

파충류 백과

희귀한 우리아이 호기심을 키워주는

박영란 지음, 권찬호 그림
박은호 (한양대학교 생물학과 명예 교수) 감수

글송이

감수의 글

신비한 동물의 세계, 파충류와 양서류 속으로!

1957년, 한국전쟁이 끝난 지 얼마 안 된 어려운 시절에, 우리 중학교로 생물 선생님 한 분이 부임해 오셨습니다. 그분은 우리에게 꿈과 희망을 심어 주고자 '동물반'이라는 탐구활동반을 만들어, 우리를 신비하고 아름다운 동물의 세계로 인도하셨습니다.

어린이들이 읽을 만한 동물에 관한 책이 거의 없었던 시절이라 선생님께서는 신문, 잡지 등에서 동물에 관한 읽을거리를 발췌하여 동물반원에게 나누어 주시고 발표하게 하였습니다.

인생의 나침반으로서 사명을 다하신, 시대를 앞서간 큰 선각자를 선생님으로 모셨기에 저는 보람 있는 인생을 설계하고 살아올 수 있었습니다.

이 책을 통해 어린이들이 동물 세계의 신비한 현상에 관심을 갖고, 나아가 동물학에 대한 사랑을 싹 틔우길 바라는 소망으로 감수에 임했습니다. 아울러 어린이들이 우리가 이 아름다운 지구에서 수많은 동물들과 어울려 함께 살아야만 하는 까닭을 알게 되기를 바랍니다.

한양대학교 생물학과 명예 교수 박 은 호

머리말

동물을 아끼고 사랑하는 마음을 간직하자!

뱀과 도마뱀, 악어 같은 파충류나 도롱뇽, 개구리 같은 양서류를
생김새 때문에 좋아하는 친구들도 있고 좋아하지 않는 친구들도 있어요.
현재 지구에는 8천 종이 넘는 파충류와 5천 4백 종이 넘는 양서류가 살아요.
하지만 환경오염이 심각해지면서 멸종하거나 그 수가 줄어드는
파충류와 양서류가 점점 늘어나고 있어요.
파충류와 양서류는 생태계의 먹이 사슬에서 중요한 몫을 해내요.
또한 물과 뭍을 오가며 생활하기 때문에 환경오염을 가늠할 수 있는 잣대가
되기도 하지요. 예를 들면 개구리는 물에 알을 낳는데 오염된 물에는 알을
낳지 않는 것처럼 말이에요.
예전에는 농촌 어디서나 봄이 되면 개구리가 '개골 개골' 우는 소리 때문에
잠을 이루지 못할 정도였대요. 그러나 오늘날 개구리 울음소리를 듣기는
그리 쉽지 않지요.
이 책을 통해 여러분이 파충류와 양서류의 생활을 이해하고,
동물을 아끼고 사랑하는 마음이 생기길 바랍니다.

지은이 박 영 란

차례

1장. 궁금궁금 파충류 · 13

파충류는 어떤 동물이에요? · 14

파충류는 어떻게 몸 온도를 유지해요? · 16

파충류는 더울 때 어떻게 해요? · 18

파충류의 감각은 얼마나 뛰어나요? · 20

파충류는 어떻게 짝을 찾아요? · 22

파충류의 새끼는 어떻게 생겼어요? · 24

파충류는 어떻게 자라요? · 26

뱀은 왜 혀를 날름거려요? · 28

뱀은 어떻게 움직여요? · 30

뱀과 도마뱀은 어떻게 달라요? · 32

뱀은 왜 몸을 빙글빙글 감아요? · 34

2장. 스르륵 뱀, 팔딱팔딱 도마뱀 · 37

알뱀은 큰 알을 어떻게 먹을까요? · 38
물총처럼 독을 쏘는 코브라가 있어요? · 40
방울뱀은 정말 방울 소리를 내요? · 42
살무사 새끼는 정말 어미를 죽여요? · 44
죽은 체하는 뱀이 있어요? · 46
세상에서 가장 큰 뱀은 누구예요? · 48
바다에 사는 뱀도 있어요? · 50
날아다니는 뱀도 있어요? · 52
도마뱀은 어떻게 적을 속여요? · 54
도마뱀은 왜 스스로 꼬리를 끊어요? · 56
개미만 먹는 도마뱀도 있어요? · 58
피눈물을 흘리는 도마뱀이 있나요? · 60
도마뱀의 발과 다리는 어떻게 생겼어요? · 62

목도리를 두른 도마뱀이 있어요? · 64

하늘을 나는 도마뱀이 있어요? · 66

카멜레온은 몸 색깔을 왜 바꿔요? · 68

카멜레온의 혀는 얼마나 길어요? · 70

가장 큰 도마뱀은 누구예요? · 72

바다에 사는 이구아나도 있어요? · 74

바다이구아나는 무엇을 먹고 살아요? · 76

옛도마뱀과 공룡이 사촌이에요? · 78

 **3장. 엉금엉금 거북, 무시무시 악어** · 81

거북은 얼마나 오래 살아요? · 82

거북은 사는 곳에 따라 다르게 생겼어요? · 84

거북 등딱지는 얼마나 단단해요? · 86

가장 큰 거북은 누구예요? · 88

거북과 자라는 어떻게 달라요? · 90

바다거북은 알을 어디에 낳아요? · 92

표범땅거북 수컷은 왜 꿀꿀 소리를 내요? · 94

마타마타거북은 먹이를 어떻게 잡아요? · 96

늑대거북은 정말 늑대를 닮았어요? · 98

낚시를 하는 거북이 있어요? · 100

어떤 악어가 사냥을 잘해요? · 102

악어는 먹이를 어떻게 사냥해요? · 104

어미 악어는 왜 새끼를 입에 물어요? · 106

가장 이상하게 생긴 악어는 누구예요? · 108

바다에 사는 악어도 있어요? · 110

4장. 궁금궁금 양서류 · 113

양서류는 어떤 동물이에요? · 114

지렁이처럼 생긴 양서류도 있어요? · 116

도롱뇽과 도마뱀은 어떻게 달라요? · 118

개구리와 두꺼비는 어떻게 달라요? · 120
개구리는 왜 봄이 되면 울어요? · 122
양서류는 어디에 알을 낳아요? · 124
올챙이는 어떻게 개구리가 돼요? · 126
개구리의 옆줄은 무슨 일을 해요? · 128
양서류는 왜 겨울잠을 자요? · 130
양서류도 무서운 독이 있어요? · 132
굴을 파는 양서류가 있어요? · 134

5장. 개골개골 개구리, 미끈미끈 도롱뇽 · 137

개구리는 얼마나 멀리 뛰어요? · 138
청개구리는 왜 몸 색깔을 바꿔요? · 140
개구리는 어떻게 먹이를 잡아요? · 142
가장 멀리 뛸 수 있는 개구리는 누구예요? · 144
개구리 얼굴에 달린 큰 주머니는 뭐예요? · 146

숨바꼭질을 잘하는 개구리가 있어요? · 148
사막에서도 개구리가 살 수 있을까요? · 150
개구리의 몸 색깔은 왜 화려해요? · 152
가장 큰 개구리는 누구예요? · 154
발 모양으로 어떤 개구리인지 알 수 있어요? · 156
엉덩이에 가짜 눈이 달린 개구리가 있어요? · 158
아시아날청개구리는 진짜 날아다녀요? · 160
무당개구리는 왜 배를 드러내요? · 162
알을 업고 다니는 개구리가 있어요? · 164
자기 알을 먹는 개구리가 있을까요? · 166
도롱뇽은 어떻게 움직여요? · 168
가장 큰 도롱뇽은 누구예요? · 170
영원은 어떻게 헤엄쳐요? · 172
뱀장어처럼 생긴 양서류도 있어요? · 174

파충류

1

궁금궁금 파충류

파충류는 어떤 동물이에요?

스르륵 기어 다니는 뱀과 엉금엉금 걸어 다니는 거북이 파충류예요. 파충류는 살갗이 비늘이나 딱딱한 등딱지로 덮여 있지요. 이 밖에 악어, 옛도마뱀, 이구아나 무리도 파충류이지요. 지구에는 8천여 종이 넘는 파충류가 살고 있어요.

악어와 바다거북은 물에서, 땅거북과 도마뱀 그리고 뱀은 뭍에서, 카멜레온과 도마뱀붙이는 나무에서 살아요.

▼**악어** 먹이를 무는 힘이 매우 센 악어는 사냥 실력이 뛰어난 파충류예요.

▲**뱀** 살갗이 비늘로 덮인 뱀은 다리가 없는 파충류예요.

▲**땅거북** 파충류는 오래 사는 것이 특징인데, 특히 거북이 오래 살아요.

◀그늘에서 몸을
식히는 도마뱀

파충류는 어떻게 몸 온도를 유지해요?

파충류는 몸에서 열을 낼 수가 없어요. 주위 온도에 따라 몸 온도가 바뀌는 변온동물이지요. 그래서 몸을 덥히거나 식히기 위해 더운 곳이나 시원한 곳으로 움직여 몸의 온도를 유지해요.
파충류는 추워지면 움직임이 느려져서 적이 나타나도 재빨리 도망칠 수 없어요. 또 음식물도 잘 소화시킬 수 없고요. 파충류가 겨우내 겨울잠을 자고, 아주 추운 지방에는 살지 못하는 이유를 짐작할 수 있겠지요?

◀ 볕을 쬐며 몸을 덥히는 도마뱀

파충류는 더울 때 어떻게 해요?

"아! 더워서 송글송글 땀이 맺혔어."
사람의 피부에는 땀구멍이 있어서 더울 때 땀을 흘리면 몸 온도가 높아지는 것을 막을 수 있어요.
하지만 비늘이나 딱딱한 껍질로 덮여 있는 파충류는 땀구멍이 없어요. 그래서 주변에 있는 그늘이나 물속에 들어가 몸을 식히지요.
그런데 그늘도 물도 없는 사막에서는 어떻게 몸을 식힐까요? 사막에 사는 뿔도마뱀은 모래 속으로 파고 들어가 뜨거운 햇볕을 피한답니다.

▲물속에 있는 악어 몸을 시원하게 하려고 물속에 엎드려 있기도 하고, 입을 벌려 몸 온도를 내리기도 해요.

▲**모래 속에 숨은 사막뿔도마뱀** 사막에 사는 파충류는 한낮에 몸 온도를 낮추기 위해 모래 속으로 들어가 눈만 밖으로 내밀고 있어요.

▼**더울 땐 밤에 활동하는 뱀**
뱀은 주로 낮에 활동하지만 무더위가 시작되면 서늘한 밤에 활동해요.

파충류의 감각은 얼마나 뛰어나요?

낮에 활동하는 도마뱀은 시력이 아주 좋아요. 그중 카멜레온은 두 눈을 따로따로 움직일 수 있어 한 번에 넓은 곳을 볼 수 있지요. 이구아나는 색깔을 구별할 수 있어요. 악어는 소리를 잘 듣고 눈이 좋아서, 물속에서도 저 멀리 땅에 있는 먹잇감을 알아채지요. 땅에 거의 붙어 다니는 뱀과 거북은 땅의 진동으로 먹잇감을 찾아요. 또 뱀과 몇몇 도마뱀은 공기 중에 퍼지는 냄새로 먹잇감을 찾는답니다.

▲뱀의 오목기관
코 옆에 있는 오목기관에서 적이나 먹이의 체온을 감지해요.

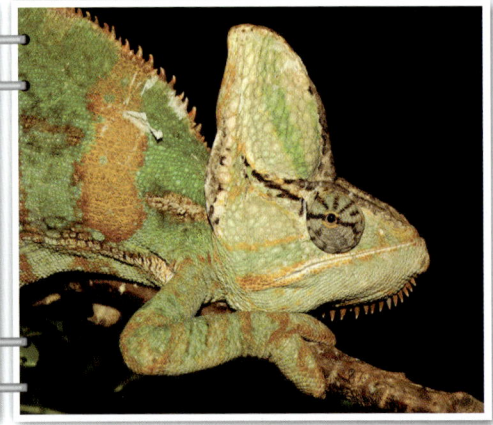

▲카멜레온의 신기한 눈
두 눈이 툭 튀어나와 있으며 따로따로 움직일 수 있어요.

▼**시력이 매우 좋은 이구아나**
이구아나는 색깔도 구별할 수 있어요. 여러 색깔의 머리 장식과 볏, 목주름 따위로 같은 종을 알아봐요.

파충류는 어떻게 짝을 찾아요?

▲**이구아나 수컷** 목 부위에 늘어진 피부를 부풀려 암컷을 유혹한다.

파충류는 짝짓기 때가 되면 짝을 찾기 위해 여러 가지 행동을 해요. 왕도마뱀 수컷들은 뒷다리로 꼿꼿이 서서 수컷끼리 씨름을 해요. 힘에 밀린 수컷이 도망가면 이긴 수컷이 암컷을 차지하지요.

도마뱀 수컷은 선명한 색깔로 암컷의 눈길을 끌며, 이구아나 수컷은 목 부위에 늘어진 피부를 부풀리며 암컷을 유혹해요. 뱀 수컷은 암컷에게 다가가서 몸과 꼬리를 뒤얽은 다음, 암컷 등에 턱을 비비며 짝짓기를 하지요.

◀**뱀** 짝짓기를 할 때, 서로의 꼬리를 뒤얽어요.

▲물왕도마뱀 수컷들의 싸움 왕도마뱀 수컷들은 서로 암컷을 차지하기 위해 격렬하게 싸워요. 앞발과 뒷목을 물어뜯긴 수컷은 꼬리를 내리고 줄행랑을 친답니다.

파충류 1장 · 궁금궁금 파충류

파충류의 새끼는 어떻게 생겼어요?

대부분의 파충류는 알을 낳아요. 알에서 막 깨어난
파충류 새끼는 크기는 작지만 어미와 똑같이 생겼어요.
개구리처럼 올챙이 시절을 거치지 않아요.
또 포유류나 조류처럼 어미의 보호를 받지 않고,
어미가 구해 주는 먹이를 먹고 살지도 않아요.
파충류 새끼는 어미와 똑같은 환경에 살면서
스스로 먹이를 찾고, 위험한 자연 세계에 맞서
혼자 살아가야 한답니다.

파충류가 알을 낳는 곳은 강둑이나 모래, 풀밭 등 무척 다양해요.
뱀 무리는 대부분 땅속이나 썩은 식물 속에 알을 낳으며, **악어**는 신선한
풀과 흙, 낙엽 등을 쌓아 둥지를 만드는 종도 있고, 해변이나 건조한 땅에
구멍을 파고 땅속에 알을 낳는 종도 있지요. **거북**도 땅속에 알을 낳는데,
바다거북도 알을 낳을 때는 바닷가로 올라와 모래밭에 알을 낳아요.

▲**동부돼지코뱀 새끼** 파충류의 새끼는 어미와 꼭 닮은 모습으로 태어나요.

▼**도마뱀붙이 새끼** 도마뱀붙이의 새끼도 태어나자마자 혼자 살아가요. 주로 거미나 나방 따위를 잡아먹지요.

파충류는 어떻게 자라요?

파충류의 비늘은 살갗의 가장 바깥층이 점차 두꺼워진 거예요. 때때로 오래된 비늘이 허물이 되어 벗겨지면, 살갗 안쪽에서 다시 새로운 비늘이 돋아나지요. 그래서 파충류는 살아 있는 동안 계속 허물을 벗고, 새로운 비늘을 만들며 자라지요. 뱀이 한 번에 온몸의 허물을 벗는 반면 도마뱀은 여러 날에 걸쳐 몇 조각으로 나누어서 허물을 벗어요.

▼**허물을 벗는 도마뱀붙이** 다리가 있어서 허물이 여러 조각으로 찢어지며 벗겨져요.

▼허물을 벗는 풀뱀
뱀의 살갗은 무척 매끄러우며, 때가 되면 온몸의 허물을 한 번에 벗어 버려요.

뱀은 왜 혀를 날름거려요?

뱀은 쉴 새 없이 혀를 날름거려요. 두 갈래로 갈라진 혀끝을 공중에서 흔들어 공기 중에 퍼져 있는 냄새를 맡는 거예요.
뱀은 코로도 냄새를 맡을 수 있지만 혀가 두 번째 코와 같은 일을 하지요. 먹이의 위치, 짝이나 천적을 알아내는 데도 혀는 큰 도움이 된답니다.

▲뱀의 혀

◀뱀의 입안
혀를 쓰지 않을 때는 목구멍 바로 앞에 있는 혀주머니 속에 집어넣기 때문에 입을 벌려도 혀를 볼 수 없지요.

▲**혀를 날름거리는 뱀** 뱀은 시각, 청각, 후각 중에서 후각이 가장 예민해요. 코로도 냄새를 맡을 수 있지만 혀는 매우 훌륭한 후각기관이에요.

▼**두 갈래로 갈라진 뱀의 혀** 뱀의 혀가 두 갈래로 갈라져 있는 까닭은 냄새를 맡는 입천장의 야콥슨 기관이 한 쌍이기 때문이에요.

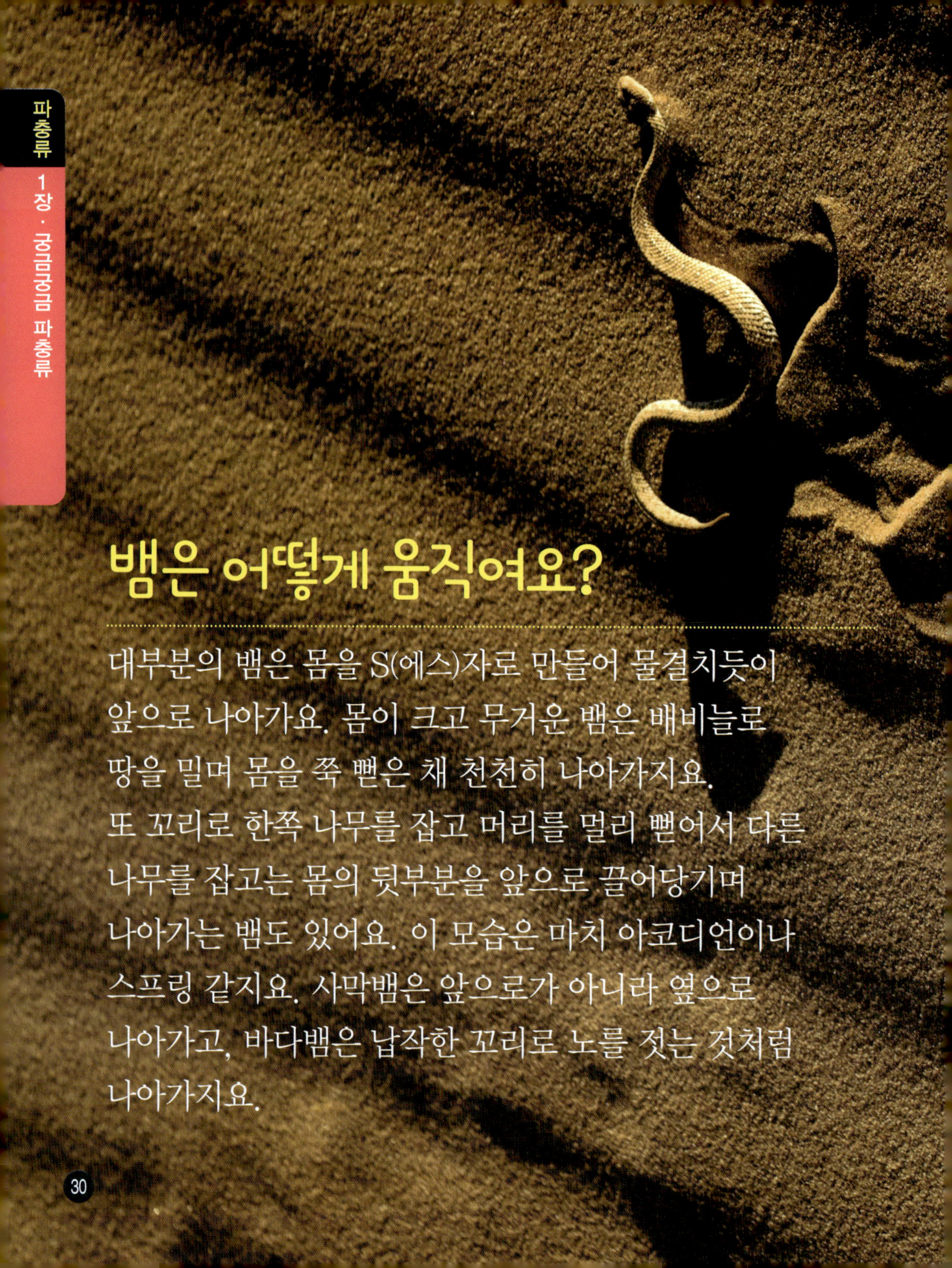

파충류 1장 · 궁금궁금 파충류

뱀은 어떻게 움직여요?

대부분의 뱀은 몸을 S(에스)자로 만들어 물결치듯이 앞으로 나아가요. 몸이 크고 무거운 뱀은 배비늘로 땅을 밀며 몸을 쭉 뻗은 채 천천히 나아가지요. 또 꼬리로 한쪽 나무를 잡고 머리를 멀리 뻗어서 다른 나무를 잡고는 몸의 뒷부분을 앞으로 끌어당기며 나아가는 뱀도 있어요. 이 모습은 마치 아코디언이나 스프링 같지요. 사막뱀은 앞으로가 아니라 옆으로 나아가고, 바다뱀은 납작한 꼬리로 노를 젓는 것처럼 나아가지요.

S자 이동
다리가 없는 동물들이 흔히 움직이는 방법이에요.

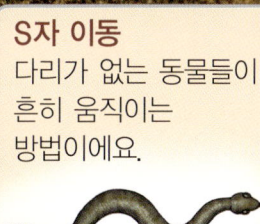

아코디언식 이동
나무뱀은 이 방법으로 나무와 나무 사이를 이동하지요.

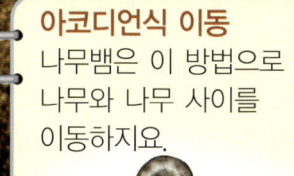

직선 이동
보아나 살무사가 움직이는 방법이에요.

◀ 이동 중인 사막뿔뱀
뜨거운 모래에 최대한 몸이 닿지 않도록 몸을 날리듯이 움직여요. 지나간 자리에는 J(제이)자 자국이 남지요.

뱀과 도마뱀은 어떻게 달라요?

뱀은 다리가 없고, 도마뱀은 다리가 있어요.
또 뱀은 귀가 없고 눈꺼풀이 없거나 움직이지 않지만,
도마뱀은 귀가 있고 눈꺼풀도 움직이지요. 뱀은 스스로
꼬리를 자를 수 없지만 도마뱀은 스스로 꼬리를 자른 뒤
꼬리를 다시 만드는 놀라운 재주가 있어요.
가장 확실하게 뱀과 도마뱀을 구별하는 방법은 바로
아래턱의 생김새예요. 도마뱀은 아래턱의 좌우 뼈가
붙어 있지만 뱀의 아래턱은 좌우 뼈가 떨어진 채
인대로 연결돼 있답니다.

뱀 Vs 도마뱀

Animal

꼬리가 전체 길이의 약 1/3을 차지해요.

날갗이 매우 부드럽고 단단해요.

기다란 혀끝이 두 갈래로 갈라져 있어요.

아래턱의 좌우 뼈가 떨어져 있어요.

★ 뱀의 몸 구조

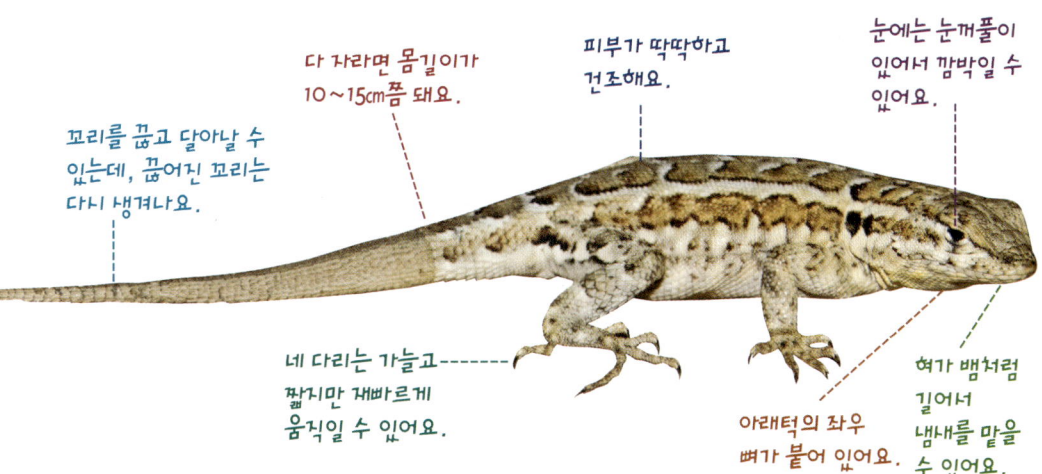

꼬리를 끊고 달아날 수 있는데, 끊어진 꼬리는 다시 생겨나요.

다 자라면 몸길이가 10~15cm쯤 돼요.

피부가 딱딱하고 건조해요.

눈에는 눈꺼풀이 있어서 깜박일 수 있어요.

네 다리는 가늘고 짧지만 재빠르게 움직일 수 있어요.

아래턱의 좌우 뼈가 붙어 있어요.

혀가 뱀처럼 길어서 냄새를 맡을 수 있어요.

★ 도마뱀의 몸 구조

33

뱀은 왜 몸을 빙글빙글 감아요?

뱀은 잠시 쉬거나 잘 때 똬리를 틀어요. 몸을 길게 늘어뜨리고 있으면 적의 눈에 쉽게 띄기 때문이에요. 뱀이 똬리를 틀고 있는 모습을 보면 머리가 위쪽에 있어서 적이 어느 쪽에서 나타나든 쉽게 머리를 돌려 덤벼들 자세를 잡을 수 있어요. 게다가 갑자기 몸을 솟구치듯이 뻗으며 공격도 할 수 있어요. 돌돌 말린 똬리를 풀며 스르르 도망치기도 무척 쉽지요.

▲**똬리를 튼 뱀** 뱀은 똬리를 튼 후에도 조금씩 몸을 움직여 자세를 바꾸어요. 똬리를 트는 방향도 한쪽 방향이 아니라, 때로는 오른쪽으로 때로는 왼쪽으로 틀지요.

▼똬리를 풀면서 공격하는 뱀
똬리를 튼 자세에서는 쉽게 공격하거나 방어할 수 있고 도망치기도 좋아요.

Animal

Animal

Animal

Animal

Animal

파충류

❷ 스르륵 뱀, 팔딱팔딱 도마뱀

파충류
2장 · 스르륵 뱀 팔딱팔딱 도마뱀

알뱀은 큰 알을 어떻게 먹을까요?

"크아~! 어때, 내 입이 악어보다 크지?"
새알을 훔쳐 먹는 알뱀이 커다란 알을 먹기 위해 입을 크게 벌려요. 알뱀은 이빨이 없기 때문에 알을 통째로 한입에 꿀꺽 삼켜야 해요. 이빨도 없이 어떻게 제 입보다 세 배나 더 크고, 껍데기가 딱딱한 알을 먹을 수 있을까요?

★알뱀이 알을 소화하는 방법

▲입에 알 넣기
끈적끈적한 잇몸으로 알을 꽉 물어요.

▲알 밀어 넣기
머리를 숙여 알이 잘 넘어가게 해요.

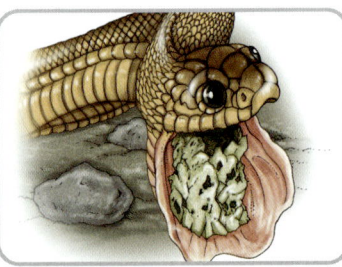

▲껍데기 뱉어 내기
약 하루가 지나면 소화하지 못한 쪼그라든 알껍데기를 뱉어 내요.

▲알 찔러 깨뜨리기
몸 안의 돌기로 알을 찔러 깨뜨리면, 불룩한 몸이 줄어들어요.

▼알을 삼킨 알뱀
알을 삼킨 지 하루쯤 지나면 알껍데기를 도로 입 밖으로 토해 내요.

물총처럼 독을 쏘는 코브라가 있어요?

▲왕코브라

왕코브라는 아프리카와 아시아에 사는 독사 가운데에서도 가장 크고 위험한 독을 가졌어요. 만약 사람이 코브라에게 물리면 15분 안에 죽을 수도 있지요. 킹코브라의 목 아래에는 후드라고 하는 편평한 부분이 있는데, 화가 나거나 흥분하면 머리를 꼿꼿이 세우며 후드를 펼쳐서 적을 위협해요.

스피팅코브라는 적에게 위협을 받으면 물지 않고 독을 물총 쏘듯이 쏘아 적의 눈을 멀게 해요.

★독사의 특징

▲위턱에 난 두 개의 독니　　▲삼각형 머리　　▲가는 목

▼독을 쏘는 스피팅코브라
독이 2m 이상 뻗어 나가며, 독이 강해 적의 눈을 멀게 해요.

방울뱀은 정말 방울 소리를 내요?

아메리카 대륙의 건조한 지역에 사는 방울뱀은 딸랑 방울 소리를 내요. 방울 소리의 비밀은 바로 방울뱀의 꼬리에 있답니다.

방울뱀의 꼬리 끝은 여러 개의 각질 마디로 돼 있는데, 서로 연결되어 있는 마디 안은 텅 비어 있어요. 방울뱀이 꼬리 끝을 세우고 흔들면 마디가 부딪히며 소리를 내지요. 방울뱀은 큰 동물에게 다가오지 말라고 경고할 때, 먹잇감을 가까이 끌어들일 때 방울 소리를 낸답니다.

▲동부다이아몬드방울뱀
독이 있는 뱀 가운데 가장 커요.

▲방울뱀의 소리
방울뱀이 내는 방울 소리는 20m 밖에서도 들려요.

▲**방울뱀의 꼬리** 허물을 벗을 때마다 마디가 떨어져 나가고, 새 마디가 늘어나요.

▼**독이 있는 방울뱀** 방울뱀의 독은 강해서 물리면 죽을 수도 있어요.

살무사 새끼는 정말 어미를 죽여요?

살무사는 머리가 넓적하고 몸통은 굵으며 꼬리가 짧은 독뱀이에요. 살모사가 변한 말인데, 이 이름은 '어미를 죽이는 뱀'이라는 끔찍한 뜻이에요. 그런데 사실은 이름처럼 어미를 죽이지 않아요.

▲**사막뿔살모사** 모래 속에 숨어 있다가 지나가는 먹잇감을 사냥해요.

살무사는 다른 뱀과 달리 알을 낳지 않고 새끼를 낳지요. 새끼를 낳고 지쳐서 꼼짝 못하는 어미를 보고 사람들이 새끼가 어미를 죽였다고 오해해서 '살모사'라고 부르기 시작한 거랍니다.

★ **다양한 모양의 독니**

▲**뱀과** 홈이 패여 있는 독니

▲**코브라과** 비어 있고 고정된 독니

▲**살무사과** 비어 있고 움직이는 독니

▲살무사 몸속에 낳은 알에서 새끼가 깨어나면, 2~13마리의 새끼를 낳아요.

죽은 체하는 뱀이 있어요?

동부돼지코뱀은 적이 나타나면 소리를 내며 공격해요. 그래도 적이 도망가지 않으면 입에서 고약한 냄새를 뿜으며 몸을 비틀어요. 그리고는 흐느적거리며 몸을 뒤집고 죽은 척을 하지요.
유럽유혈목이도 적과 마주치면 몸을 부풀리며 쉿쉿 소리를 내요. 그러다 안 되면 몸을 뒤집고 떨면서 혀를 내민 채 가만히 누워 있지요. 먹잇감이 되지 않으려고 이렇게 죽은 척하는 것을 '의사(가짜 죽음)'라고 해요.

▲유럽유혈목이
죽은 척하는 유럽유혈목이를 뒤집으면 다시 몸을 뒤집고 죽은 척해요.

▲죽은 척하는 동부돼지코뱀
적을 피하지 못하면 몸을 뒤집고 죽은 척해요.

세상에서 가장 큰 뱀은 누구예요?

남아메리카에 사는 아나콘다는 보아뱀의 하나로, 세상에서 가장 크고, 무거운 뱀이에요. 몸길이가 10미터가 넘고, 몸무게도 130킬로그램이 넘는 것도 있어요.
아나콘다는 긴 몸으로 먹이를 칭칭 감아 숨을 쉴 수 없을 정도로 꽉 조여서 씹지도 않고 통째로 꿀꺽 삼켜요. 그러고는 누워서 먹이가 완전히 소화될 때까지 꼼짝하지 않아요. 사슴이나 돼지 같은 큰 동물을 먹었을 때는 몇 주일 동안 움직이지 않을 때도 있어요.

◀ **다이아몬드 무늬가 있는 보아**
왕뱀인 보아는 갈색, 녹색, 노란색 등 다양하며 바탕에 반점과 다이아몬드 무늬가 있어요.

▲거대한 뱀, 아나콘다
아나콘다는 매우 커요. 짙은 녹색 바탕에
검은 점이 나 있지요.

바다에 사는 뱀도 있어요?

뱀 가운데는 특이한 종류가 참 많아요. 이 가운데 가장 특이한 뱀은 바다뱀이에요. 어떤 바다뱀은 죽을 때까지 바다에서만 살아요. 대부분의 바다뱀은 따뜻한 바다에서 물고기를 잡아먹으며 살지요. 태평양에 사는 바다독사는 바다에서 자라며 짝짓기도 바다에서 해요. 하지만 알은 땅 위로 올라와서 낳지요.

연못이나 강에 사는 물뱀도 먹이를 물속에서 찾아요. 물뱀은 가끔 나뭇가지에서 햇볕을 쬐는데, 위험을 느끼면 바로 물속으로 도망간답니다.

파충류
2장 · 스르륵 뱀 팔딱팔딱 도마뱀

Animal

▼꼬리가 넙적한 줄무늬바다독사
바다독사는 독성이 강한 뱀으로 꼬리가 헤엄치기 좋게 넙적해요.

파충류 2장 · 스르륵 뱀 팔딱팔딱 도마뱀

▼황금날뱀
공중을 껑충 뛰는 모습으로
날아서 다른 나무로 가거나,
미끄러지듯이 날아서
낮은 나무 위로 내려가지요.

날아다니는 뱀도 있어요?

열대우림의 나무 꼭대기에 사는 날뱀은 곤충이나 새처럼 하늘을 마음대로 날아다니지는 못해요. 나무 사이를 이동할 때 공중에서 몸을 내던져 날아가듯 다른 나무로 옮겨가기 때문에 이런 이름이 붙었어요.

날뱀은 몸을 꼿꼿하게 펴고 날거나, S(에스)자 모양으로 몸을 구부리면서 나무 사이를 날아요. 그러다 다른 나무로 내려앉을 때는 갈비뼈를 옆으로 늘여 몸을 납작하게 하지요.

도마뱀은 어떻게 적을 속여요?

파충류는 대부분 위험에 닥치면 부리나케 도망쳐요. 도마뱀은 긴 혀를 내밀거나 소리를 내어 적을 겁주지요. 그런데 특별한 방법으로 적을 속이는 도마뱀도 있어요. 뿔도마뱀은 적을 만나면 먼저 몸을 크게 부풀려 적을 겁주지만, 그래도 통하지 않으면 피눈물을 뿜어내어 쫓아내요.
또 바실리스크이구아나는 커다란 뒷발과 균형을 잡아주는 긴 꼬리로 물 위를 달려 도망가요.
아르마딜로도마뱀은 위험을 느끼면 자신의 꼬리를 입으로 물어 몸을 공처럼 말아요.

◀뿔도마뱀
공기를 들이마셔 몸을 부풀리거나 눈에서 피눈물을 쏘아 적을 위협해요.

▲**물 위를 뛰어다니는 바실리스크이구아나**
위협을 받으면 몸을 세운 채 땅 위와 물 위를 달려요.

▼**몸을 둥글게 만 아르마딜로도마뱀** 등부터 꼬리까지 가시 모양의 단단한 비늘판으로 덮여 있어요. 아르마딜로처럼 몸을 말면 꼭 가시 돋친 공처럼 보여요.

도마뱀은 왜 스스로 꼬리를 끊어요?

도마뱀 무리는 모두 스스로 꼬리를 끊을 수 있어요. 적에게 위협을 느끼거나 꼬리가 붙잡히면 꼬리를 끊고 달아나지요. 잘려진 꼬리는 몇 분 동안 꼬물꼬물 움직여 적을 놀라게 하기 때문에, 그 사이 도마뱀은 도망을 치지요. 이렇게 꼬리를 끊을 수 있는 것은, 꼬리뼈에 붙어 있는 살에 힘줄이 없어서예요.

Animal

하지만 도마뱀들은 겨울이나 먹이가 없을 때를 대비해 꼬리에 영양분을 모아 두기 때문에 꼬리를 잃는 것은 엄청난 손해예요. 도마뱀이 손해를 보면서도 꼬리를 끊는 까닭은 잡아먹히는 것보다는 꼬리를 잃는 것이 낫기 때문이에요.

▼ 꼬리를 끊은 다섯줄도마뱀
한번 잘라 낸 꼬리는 다시 자라지만 예전 꼬리처럼 길거나 멋지지 않아요.

파충류 2장 · 스르륵 뱀 팔딱팔딱 도마뱀

개미만 먹는 도마뱀도 있어요?

"으악~ 납작뿔도마뱀이다! 어서 피해!"
개미들이 납작뿔도마뱀을 보고 황급히 도망가요.
오스트레일리아의 사막 지대에 사는 납작뿔도마뱀은
개미만 먹고 살아요.
날카로운 발톱으로
개미 굴을 파낸 다음,
긴 혀로 개미를
닥치는 대로 잡아먹는데,
한 번에 2천 마리까지
먹을 수 있어요.

▶ 납작뿔도마뱀
한 뼘밖에 되지 않는 납작뿔도마뱀은
한 번에 2천 마리 정도의 개미를 잡아먹어요.

Animal

납작뿔도마뱀은 성질이 순하여 적의 공격을
받더라도 막지 않아요. 하지만 온몸에
돋아 있는 뾰족한 가시 때문에 뱀이나 새가
쉽게 잡아먹지 못한답니다.

▼ 뾰족뾰족 납작뿔도마뱀의 등
  등에 있는 가시는 물이 귀한 사막에서
  이슬을 모아 입으로 흘러가게 해 주어요.

피눈물을 흘리는 도마뱀이 있나요?

"머리에 뿔이 난 걸 보니, 뿔도마뱀이군."
보통 사막 같은 건조한 지역에 사는 뿔도마뱀은
꼬리가 짧고 두꺼비처럼 몸이 통통해요.
뿔도마뱀은 적을 만나면 뿔을 흔들거나 몸을 부풀려
위협해요. 그래도 적이 물러서지 않으면 피눈물을
쏘아요. 이 피눈물은 머리에 피가 몰려 눈에 있는
실핏줄이 부풀어 올랐다가 터진 거예요.
터진 실핏줄은 바로 아문답니다.

▲ **방어술이 뛰어난 뿔도마뱀** 위험이 닥치면 가장 먼저 몸 색깔을 바꾸어 적을 속이거나 모래 속으로 숨어요. 공기를 들이마신 후 몸을 부풀려 위협하기도 해요.

▲ 뿔도마뱀

◀피눈물을 쏘는 뿔도마뱀
뿔도마뱀은 마지막 위협 수단으로 1m가 넘게 날아가는 피눈물을 뿜어내요.

파충류 2장 · 스르륵 뱀 팔딱팔딱 도마뱀

▼도마뱀붙이 가운데 가장 큰 왕수궁
도마뱀붙이는 몸길이가 3cm도 안 되는 것이 있을 정도로 작아요. 동남아시아에만 사는 왕수궁은 몸길이가 25~35cm이며, 토케이도마뱀붙이라고도 불려요.

★다양한 도마뱀의 발과 다리

▲나무 타는 도마뱀의 발톱 ▲사막도마뱀의 발가락 ▲도마뱀붙이의 발바닥

도마뱀의 발과 다리는 어떻게 생겼어요?

나무를 오르내리는 도마뱀은 날카로운 발톱 덕분에 떨어지지 않고 나무 껍질을 단단히 붙잡을 수 있어요. 가장 작은 도마뱀 무리인 도마뱀붙이는 발에 빨판 같은 흡반이 달렸어요. 사막에 사는 도마뱀의 발가락은 긴 비늘로 덮여 있어서 모래 위를 기어 다니기 쉬워요. 또 물속에서 오랜 시간을 보내는 왕도마뱀의 다리는 헤엄치기 쉽게 뒤로 접히기도 하고, 물갈퀴가 달려 있어요.

파충류 2장 · 스르륵 뱀 팔딱팔딱 도마뱀

▲목주름을 펼친 목도리도마뱀
목주름을 펼쳐 적을 위협하고
펼친 목주름을 부채같이 펄럭여
몸 온도를 유지해요.

목도리를 두른 도마뱀이 있어요?

"크악~ 무섭지? 저리 가!"
적이 나타나자 목도리도마뱀의 입이 크게 벌어지고
목둘레에 있는 주름진 피부가 활짝 펼쳐졌어요.
목도리도마뱀이 입을 크게 벌릴수록 피부가 더 꼿꼿하고
크게 펼쳐지는데, 보통 때보다 몸이 네 배나 크게 보여요.
이 모습을 본 적은 깜짝 놀라 더는 공격을 못하지요.
목도리도마뱀은 적이 놀란 틈을 타서 긴 꼬리를 치켜들고
뒷다리로 일어서서 재빨리 도망쳐요.

목도리도마뱀은 짝짓기 시기에 암컷의 관심을 끌 때도 **목주름**을 펴요. 암컷에게 잘 보이기 위해 고개를 끄덕이거나 발굽혀펴기를 하는 등 수십 가지의 행동을 한답니다.

하늘을 나는 도마뱀이 있어요?

동남아시아에 사는 날도마뱀은 새처럼 날지는 못해요.
하지만 위험을 느끼면 몸통에 붙어 있는 피부막을
날개처럼 펼쳐 미끄러지듯 나무 사이를 날아다녀요.
얇지만 튼튼한 피부막 덕분에 날도마뱀은 이 나무에서
저 나무로 날아가 나무에 붙은 먹이를 쉽게 잡고,
땅 위로 안전하게 뛰어내릴 수 있지요.
가장 멀리 나는 날도마뱀은 한 번에 20미터 이상을
날아가기도 한답니다.

◀ **날도마뱀**
피부막을 날개처럼
펼쳐 날아요.

▲피부막을 펼친 날도마뱀
날도마뱀의 날개처럼 보이는 양쪽의 피부막은 부챗살처럼 활짝 펼쳐져 도마뱀이 날 수 있게 해 주어요.

카멜레온은 몸 색깔을 왜 바꿔요?

카멜레온의 살갗에는 주변 온도나 햇볕, 그리고 기분에 따라 변하는 색소가 들어 있어요. 그래서 주위 환경이 밝으면 몸 색깔도 밝은색을, 주위 환경이 어두워지면 몸 색깔도 어두운색을 띠지요. 그리고 흥분을 하거나 화를 낼 때, 두려움을 느낄 때나 햇볕을 더 많이 또는 더 적게 쬐고 싶을 때, 암컷에게 잘 보이고 싶을 때도 몸 색깔이 바뀌어요. 물론 적을 피하는 데도 도움이 되지요.

★카멜레온의 여러 가지 몸 색깔

◀한밤중의 카멜레온
구름 낀 날이나 흐린 날 카멜레온의 몸 색깔은 회색이나 초록빛이 되며, 밤에는 연한 크림색으로 변해요.

카멜레온의 혀는 얼마나 길어요?

카멜레온은 느릿느릿 움직이지만 파리처럼 빠르게
날아다니는 곤충을 잘 잡아먹어요.
"저 녀석, 맛있게 생겼다."
먹이를 발견한 카멜레온은 길고 가느다란 혀를 쉬익
내밀어 먹이를 잡아채요. 끈끈한 혀 끝에 달라붙은
먹이는 순식간에 카멜레온의 입속으로 빨려
들어간답니다.

카멜레온은 보통 몸길이가
20~30센티미터인데, 혀 길이가
제 몸길이의 두 배나 돼요.
몸집이 큰 카멜레온의 혀는
1미터가 넘지요. 평소에는
혀를 입안에 말아 넣어
감추고 다녀요.

◀ **메뚜기를 사냥하는 카멜레온**
주로 곤충이나 거미를 잡아먹는데,
아주 몸집이 큰 카멜레온은 새를
잡아먹기도 해요.

가장 큰 도마뱀은 누구예요?

머리가 크고, 몸길이가 긴 도마뱀을 왕도마뱀이라고 불러요. 도마뱀 중에는 전체 몸길이가 약 20센티미터밖에 안 되는 것도 많지만, 왕도마뱀 종류는 2.5미터가 넘는 것도 있답니다.
왕도마뱀 가운데서도 가장 큰 도마뱀은 바로 코모도왕도마뱀이에요. 인도네시아에 있는 코모도 섬에서 살지요.

파충류
2장 · 스르륵 뱀 팔딱팔딱 도마뱀

Animal

코모도왕도마뱀은 몸길이가 약 3미터도 넘으며, 몸무게가 150킬로그램이나 나가요. 대부분 죽은 동물을 먹지만, 살아 있는 작은 동물을 잡아먹기도 해요. 만약 코모도왕도마뱀을 직접 보러 간다면 조심해요! 사람을 공격하기도 하거든요.

◀ 코모도왕도마뱀
혀는 뱀의 혀처럼 가늘고 길며, 끝이 두 갈래로 갈라져 있어요. 이 혀로 냄새를 맡아요.

바다에 사는 이구아나도 있어요?

커다란 몸집, 등에 난 가시 모양의 돌기!
공룡처럼 무시무시하게 생긴 이구아나는 생김새와 달리 성질이 온순해요. 강가의 숲에 살며, 땅 위에서도 빨리 달리고 물속에서도 네 다리를 몸 옆에 붙이고 긴 꼬리를 흔들며 잘도 헤엄치지요.
바다에 사는 이구아나도 있어요. 갈라파고스 섬에만 사는 바다이구아나는 튼튼하고 납작한 꼬리 덕분에 바닷속을 자유롭게 헤엄칠 수 있어요.

▲**나무에서 쉬는 이구아나** 낮에는 나무에서 쉬다가 밤이 되면 땅으로 내려와 꽃이나 나뭇잎, 선인장 등을 먹어요.

▼바닷속을 헤엄치는 바다이구아나
바다이구아나의 몸 색은 검은 회색빛이고, 검붉은색과 초록색을 띤 것도 있어요.

바다이구아나는 무엇을 먹고 살아요?

"아이~ 따뜻해."
갈라파고스 섬에 해가 뜨자, 바다이구아나들이
바닷가 바위를 뒤덮듯이 자리 잡고는 햇볕을 쬐어요.
낮이 되어 서서히 바닷물이 빠지면 바다이구아나들의
맛있는 식사 시간이 시작됩니다.
바닷물에 잠겼던 바위에 붙어 있는 해조류가 바로
바다이구아나의 먹이거든요.

▼햇볕을 쬐고 있는 바다이구아나 떼

어린 바다이구아나는 땅 위에서만 먹고 살다가, 다 크면 바닷속에서 먹이를 찾기 위해 잠수해요. 보통 먹이를 먹을 때는 10분 정도 물속에 있지만, 필요하면 1시간까지도 물속에서 지낼 수 있어요.

▼**바다이구아나의 뭉뚝한 머리**
턱의 힘이 무척 세며, 머리에서 목과 등까지 뾰족한 뿔 같은 돌기가 나 있어요.

▼**바다이구아나의 강한 발톱**
바다이구아나의 긴 발톱은 바위에 매달리는 데 쓰여요.

파충류 2장 · 스르륵 뱀 팔딱팔딱 도마뱀

옛도마뱀과 공룡이 사촌이에요?

"공룡 시대에 살았던 도마뱀과 똑같아!"
뉴질랜드에서 발견한 옛도마뱀을 보고 동물학자들은
깜짝 놀랐어요. 목과 등, 다리에 걸쳐 돌기가 돋아 있는
모습이 영락없이 공룡시대에 살았던 파충류와
똑같았거든요.
도마뱀을 닮은 옛도마뱀은 약 2억 년 전,
지구에 나타나 여전히 그때의 모습을 간직하고 있어요.
그래서 옛도마뱀을 '살아 있는 공룡',
'살아 있는 화석', '공룡의 후예'라고 부른답니다.

▼ '투아타라'라고 불리는 옛도마뱀
뉴질랜드에 사는 마오리 족은 옛도마뱀을 '등에 난 돌기'라는 뜻의 '투아타라'라고 불러요.

수수께끼로 남은 옛도마뱀의 세 번째 눈
머리에는 두 눈 외에 **두정안**이라는 눈이 하나 더 있어요. 두정안이 하는 일은 아직 밝혀지지 않았어요.

파충류

③ 엉금엉금 거북,
무시무시 악어

거북은 얼마나 오래 살아요?

파충류 3장 · 엉금엉금 거북 무시무시 악어

동물 가운데 가장 오래 사는 무리가 바로 거북이에요. 100년 이상 사는 거북도 있는데, 그 가운데 갈라파고스땅거북은 180~200년까지도 산대요. 보통 물속에 사는 거북 무리는 100년 정도 살아요. 동물학자들은 거북이 이렇게 오래 사는 이유를 천천히 움직이고 적게 먹기 때문이라고 생각하지요.

▼ **가장 오래 사는 갈라파고스땅거북**
동물 가운데 가장 오래 살기로 유명하며, 등딱지의 길이가 약 1.3m이고 무게가 약 140kg이에요.

거북은 사는 곳에 따라 다르게 생겼어요?

단단하고 볼록한 등딱지, 느릿느릿 걷는 다리!
'거북' 하면 이런 모습이 생각나지요? 그런데 거북은 사는 곳에 따라 생김새가 조금씩 다르답니다.
바다에 사는 바다거북은 등딱지가 넓고 평평하며 앞지느러미발이 크고 등딱지가 가벼워서 물속에서 빠르게 헤엄쳐요. 땅거북은 발이 굵고 튼튼하며 등딱지가 무거워서 무척 느리지요. 강이나 호수에 사는 민물거북의 등딱지는 땅거북보다 평평하고, 발에는 발톱과 물갈퀴가 있답니다.

★거북의 다리 모습

▲바다거북　　▲땅거북　　▲민물거북

▲**바다거북** 네 다리가 지느러미 모양이어서 헤엄치기에 좋아요.

▲**땅거북** 무거운 몸을 잘 버티도록 발이 편평하고 튼튼해요.

▼**민물거북** 등딱지는 평평하고, 발에는 발톱과 물갈퀴가 달린 모습이 땅거북과 바다거북을 섞어 놓은 듯해요.

파충류
3장 · 엉금엉금 거북 무시무시 악어

거북 등딱지는 얼마나 단단해요?

거북은 적을 만나면 등딱지 속으로 머리와 꼬리, 발을 쏙 감추어요. 아무리 강하고 튼튼한 이빨을 가진 동물이라도 거북의 등딱지를 뚫을 수 없기 때문이에요.
특히 땅거북은 하도 느려서 한 시간에 200미터 정도밖에 갈 수 없지요. 이 때문에 육식 동물에서 잡아먹히기 쉬워요. 그래서 몸을 더 잘 숨기기 위해 등딱지가 볼록하게 생겼답니다. 튼튼한 등딱지는 거북의 안전한 집이자 울타리인 셈이지요.

★거북 등딱지 형태

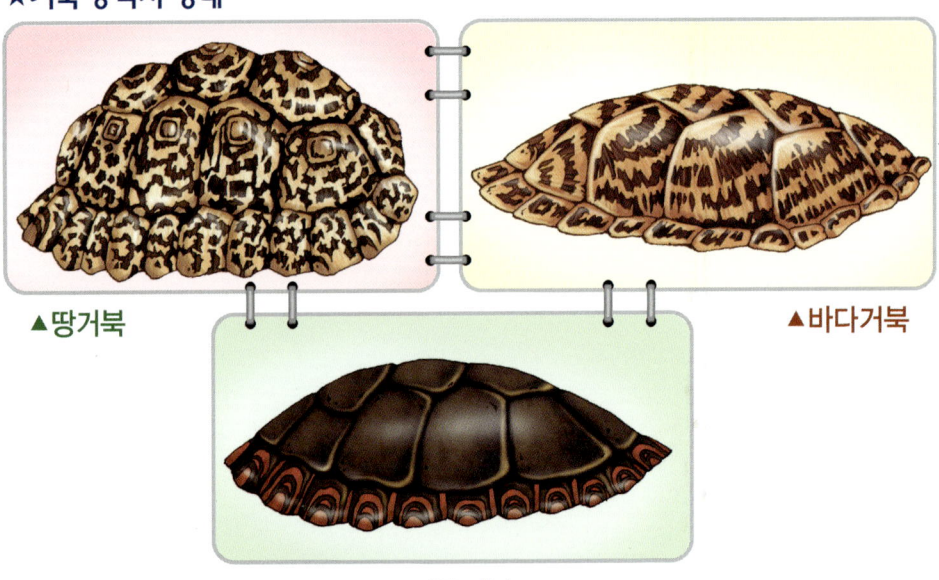

▲땅거북　　▲바다거북
▲민물거북

▲거북을 지켜 주는 등딱지
튼튼한 등딱지는 거북의 몸을 보호하는 갑옷 같은 역할을 해요.

가장 큰 거북은 누구예요?

파충류
3장 · 엉금엉금 거북 무시무시 악어

"와! 덩치가 커요."
"거북 등딱지가 신기해요."
장수거북을 본 사람들은 깜짝 놀라 말해요.
갈라파고스땅거북도 매우 큰 거북인데,
장수거북은 이보다 등딱지가 2배나 더 크고
몸무게는 5배나 더 무겁거든요.
또 등딱지가 고무 같은 재질로 되어 있어
단단하지 않고 고무같이 말랑말랑해요.
장수거북은 대부분 바다에서 생활하는데,
앞다리와 뒷다리는 지느러미 모양이어서
바닷속을 멋지게 헤엄쳐 다녀요.

◀ **뛰어난 잠수부 장수거북**
바닷속 1000m 아래 깊은 곳까지
잠수해 해파리를 잡아먹어요.

거북과 자라는 어떻게 달라요?

거북과 자라는 겉모습부터 달라요. 거북의 등딱지는 단단하고 군데군데 오목하게 패여 있어요. 자라의 등딱지는 말랑말랑하고 부드러운 가죽처럼 매끈하고요. 거북과 자라는 사는 곳도 달라요. 거북은 땅과 물을 오가며 살 수 있지만 자라는 대부분 물에서만 살지요. 거북은 바다거북, 땅거북, 민물거북으로 나뉜답니다.

▲붉은발땅거북

★거북과 자라 비교

거북	자라
등딱지가 딱딱하고 단단해요.	등딱지가 부드러워요.
땅과 물을 오가며 살 수 있어요.	거의 대부분 물에서만 살아요.
주둥이가 새의 부리처럼 생겼어요.	주둥이 끝이 빨대처럼 가늘게 튀어나와 있어요.

▲ **주둥이가 긴 자라** 자라는 물 위로 목을 쭉 뻗고는 대롱처럼 긴 주둥이를 내밀어 숨을 쉬어요. 자라는 겁이 많지만 성질이 사나워요.

▼ **남생이** 민물거북의 일종으로 연못이나 강에 살아요. 겨드랑이에서 악취가 나는 것이 특징이에요.

바다거북은 알을 어디에 낳아요?

늦은 밤, 바다거북 암컷들이 바닷가로 올라오네요.
알을 낳기 위해서예요. 바다거북은 먹는 것, 자는 것 등
거의 모든 생활을 대부분 바다에서 해요.
하지만 알을 낳기 위해서 암컷은 1년에 한 번 꼭
바닷가로 올라와요. 모래밭으로 기어 올라온 암컷은
구덩이를 파고 그 안에 약 100개의 알을 낳아요.
그러고는 모래를 덮어 알을 숨긴 후, 다시 바다로
돌아가지요.
60일쯤 지나면 새끼 거북이 알을 깨고 나와 모래 위로
고개를 내밀어요. 있는 힘을 다해 바다로 향하는
새끼거북 대부분은 바다에 다다르기 전에
새나 물고기, 게에게 잡아먹혀요.
백 마리 가운데 겨우 한 마리 정도만 살아남아
무사히 바다로 간답니다.

▲**바닷속을 헤엄치는 바다거북** 얕고 잔잔한 바다에 살아요. 바다풀이나 해파리를 먹고 살지요.

▼**알을 낳으러 가는 바다거북 암컷들**
멀게는 1,000km를 넘게 헤엄쳐 와서 해마다 같은 바닷가에서 알을 낳아요.

표범땅거북 수컷은 왜 꿀꿀 소리를 내요?

'꿀꿀 꿀꿀.'
꼭 돼지 울음소리 같다고요? 표범땅거북 수컷이 짝짓기 할 암컷을 만났을 때 내는 소리예요. 수컷은 특이한 방법으로 암컷에게 다가가요. 쿵쿵! 다짜고짜 암컷의 등딱지를 들이받아 꼼짝 못하게 해요. 그러고는 암컷의 등에 올라타고는 목을 쭉 내밀면서 꿀꿀 소리를 내지요. 암컷의 등딱지가 수컷보다 더 둥글고 넓기 때문에 등에 올라타기 쉽답니다.

◀ 붉은귀거북
수컷이 앞발톱으로 암컷의 옆머리를 간지럼 태우면 암컷은 짝짓기 하기에 알맞은 수컷인지 판단해요.

▼암컷 등에 올라탄 표범땅거북
짝짓기 때가 되자 수컷 표범땅거북이 암컷 등에 올라타 목을 쭉 빼고 소리를 내요.

마타마타거북은 먹이를 어떻게 잡아요?

얕은 물에 사는 마타마타거북은 특이한 방법으로 먹이를 잡아요. 목을 움츠려 등딱지 안으로 숨기는 다른 거북과 달리, 마타마타거북은 목을 옆으로 구부려 놓아요. 그러면 목 살갗에 돋아 있는 돌기가 물살에 흔들리는데, 물고기들은 이 돌기가 먹이인 줄 알고 다가오지요. 마타마타거북은 이때를 놓치지 않고 목구멍을 크게 넓혀 한순간에 물을 빨아들여요. 당연히 물과 함께 물고기도 마타마타거북의 입으로 들어가지요.

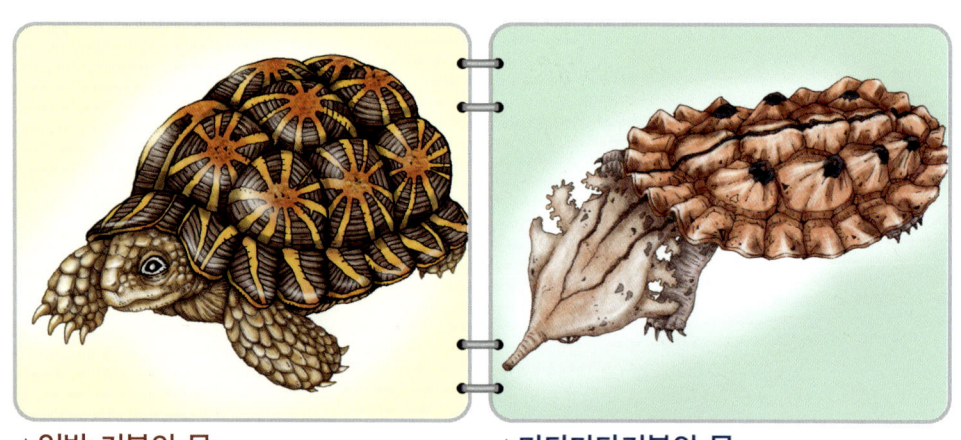

▲일반 거북의 목
목을 등딱지 안으로 숨겨요.

▲마타마타거북의 목
목을 옆으로 구부려요.

▼대롱처럼 긴 마타마타거북의 코
마타마타거북의 코는 대롱처럼 길게 생겼어요. 물 밖으로 코만 내밀고 숨을 쉴 수 있기 때문에 물속에 오래 머물 수 있어요.

늑대거북은 정말 늑대를 닮았어요?

늑대거북이란 이름만 들으면,
'아, 늑대를 닮은 거북이구나!' 하고 생각하기 쉬워요.
사실 이 거북에 늑대라는 이름이 붙은 이유는 늑대처럼
잘 물기 때문이에요. 영어 이름의 뜻도 '달려들어 무는
거북'이지요. 늑대거북은 물속에서는 별로 사납지
않지만, 땅 위에서는 빨리 뛰기도 하고 물기도 하지요.
늑대거북처럼 잘 무는 거북으로는 악어거북도 있어요.
악어거북은 악어와 닮았답니다.

▲**악어처럼 생긴 악어거북**
목과 다리에 돌기가 나 있고 등딱지가 악어 가죽처럼 뾰족해요.

▼늑대처럼 생기지 않은 늑대거북
꼬리 위쪽에 톱날 모양의 돌기가 나 있어요.
악어거북보다 몸집이 작아요.

낚시를 하는 거북이 있어요?

악어거북의 혀끝에는 꿈틀대는 벌레 같은 돌기가 달려 있어요. 이것은 악어거북이 먹이를 잡을 때 쓰는 미끼랍니다. 악어거북은 배가 고파지면 강바닥에 업드려 입을 크게 벌리고 돌기를 흔들며 가만히 있어요. 그러면 물고기들은 악어거북의 혀끝이 지렁이인 줄 알고 다가오지요.

"옳지, 내 돌기에 속았군."

악어거북은 이때를 놓치지 않고 재빨리 턱을 꽉 다물어 먹이를 잡아먹어요.

▼먹이를 사냥하는 악어거북
물속 진흙이나 물풀 사이에 숨어 입을 벌려 혀끝을 흔들어서 먹잇감을 유인해요.

▼악어거북의 혀 돌기
혀에 난 돌기는 마치 지렁이 같아요.
뒷부분은 두껍고 앞부분은
가늘며 붉은색을 띠지요.
미끼로 안성맞춤이에요.

어떤 악어가 사냥을 잘해요?

날카롭게 솟은 이빨, 온몸을 둘러싼 딱딱한 판, 강력한 꼬리! 무시무시한 생김새에 걸맞게 '무서운 사냥꾼'이라고 불리는 악어는 크게 악어과와 아메리카악어과로 나뉘어요. 악어과의 악어는 크로커다일이라고 부르며, 주둥이의 폭이 좁고 길어요. 아메리카악어과의 악어는 앨리게이터라고 부르며, 머리가 넓적하고 주둥이가 짧고 동그랗지요. 악어는 모두 사냥 실력이 뛰어난데, 악어과의 악어가 아메리카악어과의 악어보다 훨씬 몸이 크고 공격적이며 성격도 사나워 사냥을 더 잘한답니다.

★입모습으로 악어 구별하기

▲아메리카악어과(앨리게이터)　▲악어과(크로커다일)　▲가비알과

▲**아메리카악어과의 악어, 앨리게이터** 위험에 몰렸을 때만 사람을 공격하며, 미국악어와 중국악어가 있어요.

▼**악어과의 악어, 크로커다일** 따뜻한 기후에 살며, 나일악어와 인도악어가 있어요.

악어는 먹이를 어떻게 사냥해요?

어기적어기적 땅에 배를 붙이고 걷던 나일악어가 첨벙! 강물 속으로 들어가요. 땅 위에서와는 사뭇 다르게 물에서는 빠르게 헤엄을 치지요.
뒷다리로 물을 젓고 꼬리를 옆으로 흔들면서 조용히 헤엄쳐요. 그 모습이 마치 강물에 떠 있는 통나무처럼 보이기도 해요. 물을 마시러 온 새끼 가젤 한 마리가 다가오자, 나일악어는 번개처럼 빠르게 공격해서 강한 턱으로 물어 물에 빠뜨려요.
이렇게 악어의 사냥은 순식간에 이뤄지지요.

◀ 땅 위를 걷는 나일악어
어기적어기적 걷지만 먹잇감이 나타나면 재빠르게 사냥해요.

▲먹이를 잡는 나일악어
강력한 턱으로 먹이를 잡아채며, 한번 문 먹이를 절대 놓치지 않아요.

어미 악어는 왜 새끼를 입에 물어요?

알에서 갓 깨어난 새끼를 물가로 안전하게 옮기기 위해서예요. 이렇게 하면 새끼의 촉촉한 피부가 건조해지지 않거든요. 악어는 다른 파충류와 달리 알과 새끼를 정성껏 보살펴요.

악어 새끼들은 알에서 나올 때가 되면 찍찍거리는 소리를 내서 어미 악어를 불러요. 그러면 어미 악어는 둥지를 덮었던 흙을 치우고 알을 이빨로 조심스레 깨뜨려 새끼 악어가 밖으로 나올 수 있게 도와주어요. 그런 다음, 새끼 악어를 입안에 넣어 물가에 데리고 가요.

▼나일악어 어미와 새끼
어미 악어는 아래턱에 새끼를 넣어 물가로 데려간 뒤에도 늘 가까이에서 보살펴요.

가장 이상하게 생긴 악어는 누구예요?

가장 이상하게 생긴 악어는 바로 주둥이가 길고 가는 가비알이라는 악어예요. 가비알은 주로 아시아 지역에 사는데, 몸길이가 5미터 정도 돼요.

파충류
3장 · 엉금엉금 거북 무시무시 악어

Animal

가비알은 길고 가는 주둥이를 옆으로 휩쓸면서 물고기를 잡아요. 먹이를 주둥이로 내리쳐서 입에 넣고 입을 닫으면 꽉 맞물려 먹이가 도망가지 못해요.
가비알 수컷은 경쟁자를 쫓을 때 귀가 윙윙거릴 정도로 큰 소리를 내요. 이 소리는 가비알이 숨을 내쉴 때, 삐죽한 주둥이 끝에 있는 콧구멍에서 나는 소리예요.

▼가비알 수컷의 긴 주둥이
  가비알 수컷의 길고 가는 주둥이 끝에는 둥근 혹이 나 있어요.

바다에 사는 악어도 있어요?

짠물악어는 짠맛이 나는 바다에 살아서 이런 이름이 붙었어요. 사실 짠물악어는 강물과 바닷물이 드나드는 강 하구에 살아요. 몸집도 커서 악어 가운데서도 가장 크지요. 보통 악어는 몸길이가 3~4미터지만 짠물악어는 6~7미터나 되거든요. 게다가 짠물악어는 성격이 무척 사납고 공격적이어서 상어도 잡아먹지요.

짠물악어뿐만 아니라 모든 악어는 물속에서 오랫동안 있어도 끄떡없어요. 코와 목에 있는 특수한 근육이 물이 몸속에 들어가는 것을 막아 주기 때문이에요.

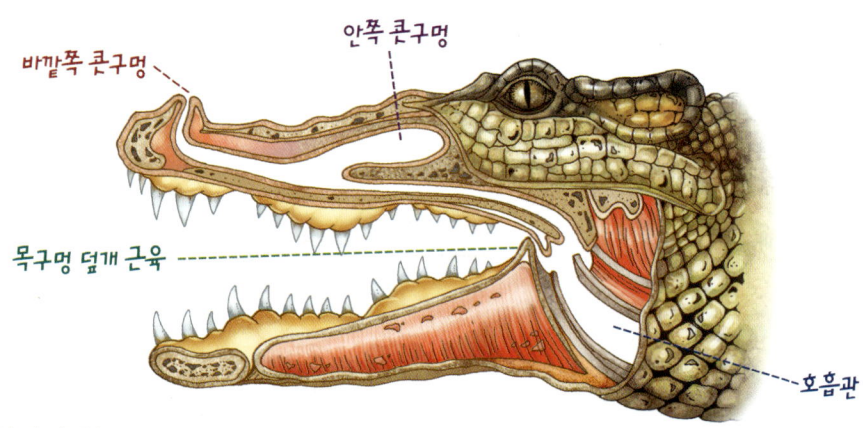

▲짠물악어의 입 구조
목구멍 덮개 근육이 있어 목구멍으로 물이 들어오는 것을 막아 주어요.

▼짠물악어
짠물악어는 현재 살고 있는 파충류 가운데 가장 덩치가 크고 강해요.

Animal
Animal
Animal
Animal
Animal

양서류

4
궁금궁금 양서류

양서류는 어떤 동물이에요?

폴짝폴짝 뛰어다니는 개구리, 피부가 우툴두툴한 두꺼비가 양서류예요. 이 밖에도 꼬리가 있는 도롱뇽과 영원, 다리가 없는 무족영원류도 양서류이지요. 양서류는 물과 땅을 오가며 살아요. 알도 물속에 낳고, 새끼 때는 물속에 살며 아가미로 숨을 쉬지요. 그러다가 다 자라면 땅 위로 올라와 허파와 살갗으로 숨을 쉰답니다. 그래서 몸이 마르면 살 수 없어 가까운 곳에 물이 꼭 있어야 해요. 파충류처럼 주위 온도에 따라 몸 온도가 바뀌지요.

▼꼬리 있는 영원
물속에서 살며 앞다리에 4개, 뒷다리에 5개의 발가락이 있어요.

▲ **땅과 물을 오가며 사는 개구리** 뒷다리에 물갈퀴가 있어 헤엄을 잘 치고, 짧은 앞다리와 크고 긴 뒷다리로 잘 뛰어올라요.

▼ **땅 위로 올라온 도롱뇽** 앞다리에 4개, 뒷다리에 5개의 발가락이 있어요.

지렁이처럼 생긴 양서류도 있어요?

'지렁이일까, 뱀일까?'
무족영원은 아주 특이하게 생긴 양서류예요.
겉모습만 보면 몸이 가늘고 길며 다리가 없어서 지렁이 같지요. 하지만 몸속을 들여다보면 뱀과 비슷해서, 등뼈도 있고 날카로운 이빨도 있어요.
지렁이처럼 땅속에서 굴을 파고 살기 때문에 머리는 작고 좁아요. 무족영원류는 눈에 잘 띄지 않고, 전 세계 열대 지방에서 약 150종이 발견되었어요.

★무족영원류의 모습들

▼무족영원
머리 부분(아래쪽)에 냄새를 맡을 수 있는 촉수가 있으며, 이를 이용해 먹이인 지렁이나 곤충의 위치를 찾아내요.

도롱뇽과 도마뱀은 어떻게 달라요?

도롱뇽은 꼬리 길이가 몸통 길이와 비슷해요. 물속에서 꼬리를 이리저리 흔들며 헤엄을 치지요. 하지만 네 개의 다리는 무척 약해서 빨리 걷지 못해요.

▲**노랑무늬도롱뇽** 가장 흔한 도롱뇽이에요.

물에서 생활하는 도롱뇽 중에는 뒷다리가 없어진 것도 있지요. 도롱뇽은 살갗이 축축하고 미끌미끌해요. 물 가까이에 사는데, 낮에는 햇볕을 피해 숨어 지내다가 밤이 되면 먹이를 찾아 돌아다녀요.

★ **도마뱀과 도롱뇽의 차이점**

도마뱀	도롱뇽
뱀, 악어와 같이 파충류예요.	개구리, 영원과 같이 양서류예요.
앞뒤의 발가락이 모두 5개씩이에요.	앞발가락은 4개, 뒷발가락은 5개예요.
뱀처럼 온몸이 비늘로 덮여 있어요.	개구리처럼 살갗이 미끈미끈해요.
살갗이 메말라 있어요.	살갗이 물기에 젖어 있어요.
마른 땅에서도 살 수 있어요.	물이나 물속 가까이에 살아요.

▲**꼬리가 긴 꼬리치레도롱뇽** 아주 깨끗한 계곡에서만 사는 꼬리치레도롱뇽은 다 자라면 몸보다 꼬리가 더 길어요.

▼**살갗으로만 숨을 쉬는 이끼도롱뇽** 앞, 뒤 다리가 아주 가늘고 발가락도 무척 짧아요. 다른 도롱뇽과 달리 허파가 없어서 살갗으로만 숨을 쉬어요.

개구리와 두꺼비는 어떻게 달라요?

개구리와 두꺼비는 참 많이 닮아 보이지만, 개구리보다 두꺼비가 몸이 더 통통해요. 개구리는 두꺼비보다 더 많이 움직이고 물속이나 물가에 살며, 살갗이 매끄럽고, 발에는 물갈퀴가 있어요. 또 뒷다리가 무척 길어서 멀리 뛸 수 있지요. 이와 달리 두꺼비는 느릿느릿 움직이며 물에서 멀리 떨어진 축축한 숲 속에 살아요. 살갗도 울퉁불퉁 건조하고, 발에 물갈퀴도 없지요. 또 뒷다리가 짧아서 멀리 뛰지도 못한답니다.

★개구리와 두꺼비의 차이점

개구리	두꺼비
울음주머니가 있어요.	울음주머니가 없어요.
물과 물가를 오가며 살아요.	물에서 멀리 떨어진 숲 속에 살아요.
살갗이 촉촉하고 미끈미끈해요.	살갗이 말라 있고 울퉁불퉁해요.

▲**물속에 있는 개구리** 강가나 논, 연못 등 물이 있는 곳에서 흔히 볼 수 있어요.

▼**숲 속에 있는 두꺼비** 숲 속, 여름에 풀이 많은 사람이 사는 집 마당에서도 볼 수 있어요.

개구리는 왜 봄이 되면 울어요?

'개골개골, 개골개골~.'
연못가에 우렁찬 개구리 울음소리가 울려 퍼져요.
개구리 수컷들이 울음주머니를 자랑스럽게 한껏
부풀리며 개구리 암컷을 불러들이는 거예요.
우리가 듣기에는 다 비슷하지만, 종류마다 울음소리가
다르다고 해요. 개구리 암컷을 두고 여러 개구리
수컷들이 엎치락뒤치락 싸움을 벌이기도 해요.
싸움에서 이긴 수컷이 암컷의 등에 올라타 꽉 껴안으면,
암컷은 등에 수컷을 업은 채 알 낳기 좋은 곳을 찾아가
짝짓기를 한답니다.

▲짝짓기 하는 도롱뇽 암컷과 수컷
3~4월, 산기슭 웅덩이나 개울로
내려와 떼로 모여 짝짓기를 해요.

▲**울음주머니를 부풀린 청개구리 수컷** 울음주머니는 수컷에게만 있어요. 암컷을 불러들이기 위해 울음주머니를 부풀려 큰 소리로 울어요.

▲**짝짓기 하는 개구리 암컷과 수컷**   ▲**짝짓기 하는 두꺼비 암컷과 수컷**

양서류는 어디에 알을 낳아요?

양서류는 물과 땅을 오가지만 알은 대부분 물속에 낳아요. 그리고 한 개부터 2만 개에 이르기까지 종류에 따라 알을 낳는 수가 많이 다르지요.
어떤 양서류는 알을 하나씩 낳고, 어떤 양서류는 알을 무더기나 기다란 끈 모양으로 낳기도 해요. 양서류의 알은 대부분 까맣고, 속이 훤히 비칠 정도로 투명한 우무질에 덮여 있어 만지면 미끌미끌하지요.

★양서류의 다양한 알 모양

▲도롱뇽 알
바나나 모양의 알주머니 한 쌍을 낳아요.

▲두꺼비 알
알이 두 줄씩 박힌 긴 끈 모양의 알주머니를 낳아요.

▲청개구리 알
물풀에 포도송이처럼 생긴 알을 낳아요.

▲알에서 깨어난 올챙이
알에서 부화하여 자라고 있어요.

올챙이는 어떻게 개구리가 돼요?

어미 개구리가 물속에 알을 낳고 여러 날이 지나면
자그마한 올챙이가 알 속에서 꼬물꼬물 기어 나와요.
이때 올챙이는 어미 개구리와 모습이 많이 달라요.
물속에서만 살 수 있는 올챙이는 머리와 몸이 하나이며,
긴 꼬리가 달려 있어요.
하지만 시간이 지나면 먼저 뒷다리가 쑥~
그 다음에 앞다리가 쑥~ 나와요.

★알에서 개구리가 되기까지 과정

▲**알** 어미가 낳은 알은 여러 날이 지나면 올챙이가 돼요.

▲**올챙이** 올챙이 때는 아가미로 숨을 쉬다가 한두 달 지나면 개구리가 되지요.

▲**개구리** 아가미와 꼬리가 없어지고 그 대신 허파와 네 다리가 생겨요.

그러면서 꼬리가 점점 짧아지다가 완전히 없어지지요. 올챙이에서 개구리로 자라면서 등에 있는 무늬도 점점 뚜렷해져요.

콧구멍
윗턱에 2개가 있어요.

피부
미끈미끈하고 축축하게 젖어 있어요. 피부로도 숨을 쉬어요.

꼬리
올챙이 때는 있지만 개구리가 되면서 없어져요.

귀
귓바퀴는 없고, 고막이 겉에 드러나 있어요.

앞다리
발가락이 4개이고, 물갈퀴가 없어요. 수컷은 첫번째 발가락 밑에 혹이 나 있어요.

뒷다리
크고 튼튼해요. 발가락이 5개이고, 발가락 사이에 물갈퀴가 있어서 물속에서 헤엄치기 편리해요.

★개구리의 몸 구조

양서류 4장 · 궁금궁금 양서류

개구리의 옆줄은 무슨 일을 해요?

금개구리의 몸을 보면 머리에서 옆구리를 따라
금색 돌기가 죽 나 있어요. '옆줄'이라는 이 돌기는
다른 개구리도 있고, 물고기도 있어요.
옆줄은 물속에 사는 동물에게 아주 필요한
감각기관이에요.
물의 흐름, 물의 압력 따위를 느끼게 해 주어,
연못 속의 바위들을 피해 헤엄칠 수 있게 해 주지요.
개구리는 특히 온도와 아픔을 느끼는 촉각이 뛰어나요.
왜냐하면 양서류는 살갗을 통해 숨을 쉬기 때문이에요.
그래서 바깥의 변화에 재빨리 적응해야 하지요.

> **개구리**는 사람이나 다른 동물들처럼 **보고, 듣고, 냄새 맡고, 맛보고, 아픔**을 느낄 수 있어요. 이런 감각으로 먹이를 찾고, 짝짓기 상대를 만나고 적을 피해 살아가지요.

▲금개구리
암컷처럼 금개구리 수컷도 울음주머니가 없는 것이 특징이에요.

양서류는 왜 겨울잠을 자요?

양서류가 겨울이 되면 쿨쿨 잠을 자는 까닭은 변온동물이기 때문이에요. 추운 겨울이 되면 체온이 많이 떨어져 얼어 죽을 수도 있어요. 게다가 살갗으로 숨 쉬는 양서류들에게는 물이 꼭 필요한데, 겨울이 되면 물이 모두 얼면서 몸이 말라 숨을 쉴 수 없거든요. 또 겨울에는 먹이인 곤충들이 사라져 먹을 것도 많이 모자라요. 그래서 긴 겨울 내내 땅속이나 물살이 잔잔한 물속 돌 틈에서 콜콜 겨울잠을 자요.

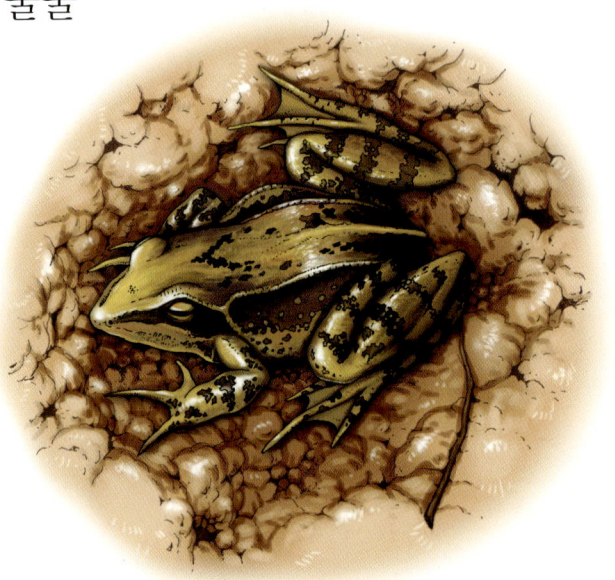
▲땅속에서 겨울잠을 자는 개구리

▲물속에서 겨울잠을 자는 개구리
　추운 겨울이 되면 개구리들은 땅속이나 연못, 호수 밑바닥의 진흙 속에서 봄까지 겨울잠을 자요.

양서류도 무서운 독이 있어요?

▲토마토개구리
피부에서 나오는 액체에 독이 있어요.

우리나라에 사는 개구리 무리의 독은 그리 세지 않아요. 하지만 두꺼비는 동물의 눈이나 피부에 염증을 일으킬 정도의 독을 가지고 있어요. 두꺼비의 독은 머리 뒤에 있는 커다란 귀밑샘에서 나오는데 천적을 죽일 만큼 강하지는 않지만 쓴맛과 함께 고약한 냄새가 나요. 중앙아메리카와 남아메리카에는 사람을 죽일 만큼 강한 독을 가진 독청개구리가 살아요.

▼무당개구리 피부에서 독을 뿜어내며, 사람이 맨손으로 만지면 간지럽거나 쓰라린 느낌이 들어요.

▲**파란독청개구리** 독이 너무 강해서 독에 면역이 있는 동물도 잡아먹지 못해요.

▲**불빛독청개구리** 단 1g으로 5,000명을 죽일 수 있을 정도로 강한 독을 가졌어요.

▼**화살독청개구리**
중앙아메리카와 남아메리카의 원주민들이 이 개구리의 독으로 독화살을 만들어 써서 화살독청개구리라는 이름이 붙었어요.

양서류 4장 · 궁금궁금 양서류

굴을 파는 양서류가 있어요?

양서류는 날씨가 아주 춥거나 더우면 땅속에 굴을 파고 그 안에서 잠을 자요. 너무 추우면 얼어 죽을 수도 있고, 너무 더우면 햇볕에 말라 죽을 수도 있기 때문에 땅 위에만 있는 것은 아주 위험하거든요.
그래서 낙엽이나 흙 속으로 파고 들어가는 거예요.
그러면 적에게 들킬 위험도 줄어들고, 살갗에 있는 수분도 적게 빼앗기지요.

Animal

▼ 굴을 파고 사는 쟁기발개구리
적을 피하기 위해서나 몸의 수분을 뺏기지 않기 위해 굴을 파고 들어가 있어요.

Animal

Animal

Animal

Animal

Animal

양서류

5 개골개골 개구리, 미끈미끈 도롱뇽

개구리는 얼마나 멀리 뛰어요?

개구리의 뒷다리는 앞다리보다 훨씬 튼튼하고 아주 길어서 높이높이, 멀리멀리 뛸 수 있어요. 짧은 앞다리는 개구리가 안전하게 내려앉을 수 있게 해 주어요. 몸집이 작고 힘이 없는 개구리는 자기 몸을 지킬 방법이 따로 없어서 늘 조심해야 하는데, 이때 강한 뒷다리가 적으로부터 도망칠 때 큰 도움이 되지요. 개구리는 보통 자기 몸길이의 10배까지 뛸 수 있는데, 유럽청개구리는 자기 몸길이의 30배까지도 뛰어요.

▲**헤엄치는 개구리** 물속에서도 개구리는 뒷다리를 한 번에 쭉 피면서 헤엄쳐요.

▼ **높이뛰기 선수 개구리**
튼튼한 뒷다리로 펄쩍 뛰어올라 먹잇감을 낚아채요.

청개구리는 왜 몸 색깔을 바꿔요?

양서류
5장 · 개골개골 개구리 미끈미끈 도롱뇽

▲풀잎 빛깔의 청개구리

몸집이 작은 청개구리는 자기 몸을 보호하기 위해 몸빛을 잘 바꿔요. 나뭇잎이나 풀잎 위에 올라가면 풀색으로, 흙 위에 올라가면 흙색으로, 바위 위에 올라가면 바위색으로 몸빛을 바꾸지요. 주변 환경과 비슷한 색으로 몸빛을 바꾸면 적의 눈에 쉽게 띄지도 않고, 먹이도 쉽게 잡을 수 있어요.
이처럼 자신을 보호하려고 주변과 비슷한 색을 띠는 몸 색을 '보호색'이라고 해요.

◀바위 위에서 바위 색으로 변한 청개구리

▼나무 위에서 나무 색으로 변한 청개구리

141

개구리는 어떻게 먹이를 잡아요?

▲**잠자리를 잡은 개구리**
개구리는 살아 움직이는 먹이만을 잡아먹어요.

개구리나 도롱뇽은 벌레나 지렁이, 달팽이, 지네 따위를 먹어요. 개구리는 길고 끈적끈적한 혀로 눈앞에서 움직이거나 살아 있는 먹잇감을 낚아채요. 개구리는 가만히 앉아서 순식간에 혀를 길게 뻗어 재빠르게 벌레를 잡기도 하고, 펄쩍 뛰어오르며 날아다니는 벌이나 잠자리를 잡아먹기도 해요. 일단 먹이가 혀에 붙으면 재빠르게 혀를 감아서 먹이를 입속으로 끌어당겨요.

▲**발톱개구리** 발톱개구리는 가느다란 앞발가락으로 먹이를 입속에 넣어요.

▲긴 혀로 먹이를 잡아먹는 개구리
개구리는 긴 혀로 먹이를 잡아 통째로 삼켜요.

가장 멀리 뛸 수 있는 개구리는 누구예요?

표범개구리는 개구리 가운데 가장 멋지게 멀리 뛰는 개구리예요. 땅에서 쉴 때 다리를 접고 앉는 표범개구리는 발목과 힘센 뒷다리 근육이 먼저 움직이면서 뛰어올라요. 다리 근육을 팽팽하게 하고 발바닥으로 땅을 박차면 뒷다리가 펴지면서 큰 힘이 몸을 쑥 밀어내지요. 몸이 쭉 펴지고 공중으로 뛰어오르면 최고의 멀리뛰기 선수처럼 보인답니다.

▲몸을 쭉 펴고 뛰어오르는 모습

▲뒷다리로 땅을 박차는 모습

▲땅에 앉아 있는 모습

★표범개구리가 뛰어오르는 장면

▼물속에 뛰어드는 표범개구리
튼튼한 뒷다리 근육의 힘을 빌어 멀리 뛰어요.

개구리 얼굴에 달린 큰 주머니는 뭐예요?

개구리 얼굴에 달린 큰 주머니는 공기 주머니예요.
개구리는 수컷이 울음소리를 내서 암컷을 부르는데,
이때 얼굴에 달린 공기 주머니에 공기가 들어가면서
소리가 크게 울려 퍼져요. 개구리는 양쪽에 하나씩,
청개구리와 맹꽁이는 턱 밑에 하나만 달려 있어요.
숨을 들이 쉬면 울음주머니가 커지고 내쉬면
쪼그라들면서 소리가 나요. 따뜻한 봄날 저녁이면
모든 종의 개구리들이 함께 합창을 하는데
개구리의 울음소리는 종마다 다 달라요.

◀개구리
양쪽에 하나씩
울음주머니가 달렸어요.

▼**청개구리**
턱 밑을 부풀리며 소리를 내는데
크게 부풀리면 자기 몸보다 더 커져요.

숨바꼭질을 잘하는 개구리가 있어요?

개구리는 적이 아주 많아 적에게 들키지 않기 위해 몸을 꼭꼭 잘 숨겨요. 청개구리는 한곳에 약 15분 정도 있으면 주변 색과 같아져요. 그래서 자신을 잡아먹는 적뿐만 아니라 자신이 잡아먹고 싶은 먹잇감에게도 눈에 띄지 않게 숨을 수 있지요. 뿔개구리는 마른 나뭇잎처럼 생겨서 나뭇잎 속에 숨어 있으면 쉽게 찾을 수 없지요.

▲**청개구리** 몸 색깔이 초록빛인 청개구리는 풀잎 위에서 쉽게 눈에 띄지 않아요.

양서류 5장 · 개골개골 개구리 미끈미끈 도롱뇽

▼ 뿔개구리
낙엽처럼 보이는 뿔개구리는 윗눈꺼풀이 뿔처럼 위로 솟아올라 있어요.

사막에서도 개구리가 살 수 있을까요?

개구리는 극지방을 빼고 거의 모든 곳에서 살아요. 물론 사막에 사는 개구리도 있어요.
사막에 사는 개구리는 다른 지역에 사는 개구리와 달리 단단하고 메마른 살갗을 가졌어요. 그리고 몸이 마르지 않게 땅속 깊이 굴을 파고 들어가 비가 올 때까지 잠을 자요. 땅속의 굴은 바깥보다 기온이 낮고 습기가 많기 때문이지요.
또 어떤 사막개구리는 방광(오줌통)에 물을 저장하기도 하고, 살갗이 왁스로 덮여 있어 몸속의 물기를 날아가지 못하게 해요. 그러다 비가 내리면 굴에서 나와 먹이를 먹고 짝짓기를 하지요.

양서류
5장 · 개골개골 개구리 미끈미끈 도롱뇽

▼**여름잠을 자는 사막개구리**
여름잠을 잘 때는 에너지를 거의 사용하지 않아요. 보통 수개월에서 길게는 수년 동안 잠을 자요.

양서류

5장 · 개골개골 개구리 미끈미끈 도롱뇽

개구리의 몸 색깔은 왜 화려해요?

"노랗고, 빨갛고, 파랗고, 알록달록하고……."
꽃이나 나비의 색깔이 아니라 개구리의 색깔을 말하는 거예요. 개구리는 몸 색깔이 무리마다 다르고, 다양한 편이에요. 특히 독이 있는 개구리는 화려한 몸 색깔로 적에게 경고하지요.
"내 몸에는 독이 있어. 알아서 피하라고."
개구리 중 가장 강한 독을 가진 코코이독청개구리는 독 1그램으로 어른 10만 명을 죽일 수 있대요.

▼딸기독청개구리
독 1g으로 30명의 사람을 죽일 수 있대요.

▲**불빛독청개구리** 딸기독청개구리보다 독성이 강해요. 독 1g으로 5,000명의 사람을 죽일 수도 있지요.

▼**붉은등독청개구리** 독이 있는 벌레를 잡아먹고 그 독을 몸에 저장해요.

양서류 5장·개골개골 개구리 미끈미끈 도롱뇽

가장 큰 개구리는 누구예요?

아프리카황소개구리는 몸길이가 9~20센티미터 정도이며, 몸무게도 1킬로그램이나 나가요. 그런데 이 개구리보다 더 큰 개구리가 있어요. 바로 골리앗개구리예요. 골리앗개구리는 아프리카의 적도 지방 물가에 사는데, 다 자란 골리앗개구리의 몸길이는 무려 50~70센티미터 정도나 되지요. 아프리카에서 발견한 어떤 골리앗개구리는 몸길이가 무려 70센티미터, 몸무게가 3.3킬로그램으로 새끼 사슴의 크기와 거의 비슷했다고 해요.

◀ **아프리카황소개구리 어미와 새끼**
울음소리가 크다고 황소개구리라고 불러요. 쥐, 뱀, 박쥐는 물론 악어 새끼도 잡아먹을 수 있어요.

▲ 가장 거대한 개구리, 골리앗개구리
골리앗개구리의 알과 올챙이는 다른 보통 개구리 크기와 비슷해요. 어려서는 물풀 같은 식물을 먹다가 다 자라면 곤충과 물고기, 갑각류를 잡아먹지요.

발 모양으로 어떤 개구리인지 알 수 있어요?

어떤 개구리가 폴짝 뛰어다니고, 나무에 기어오르고, 굴을 파고 들어가 사는지 알고 싶다면 발을 보세요. 기어오르기 선수인 청개구리의 앞발에는 끈끈한 빨판이 있어 나무에서 절대 떨어지지 않지요. 발톱개구리의 앞발에는 털이 있어 미끄러운 곳에 잘 달라붙고, 뒷발에는 발톱이 있어 땅굴을 잘 파지요. 아프리카황소개구리도 굴을 파고 들어가기 쉽게 발가락이 뭉툭하고 삽처럼 생긴 돌기가 나 있어요.

★다양한 개구리의 발

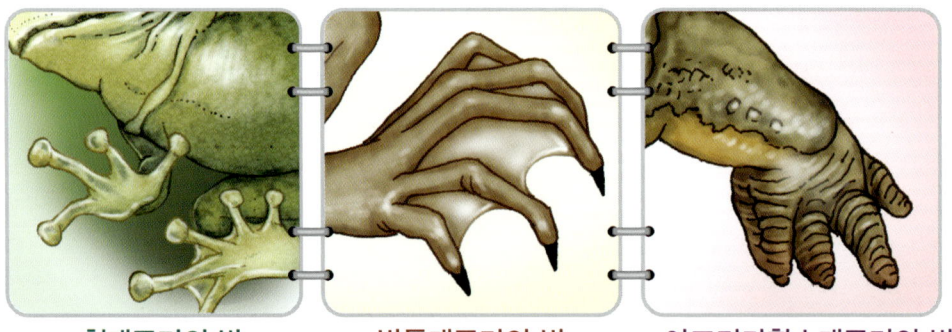

▲청개구리의 발　　▲발톱개구리의 발　　▲아프리카황소개구리의 발

▼나무 줄기에 붙어 있는 흰배청개구리
오스트레일리아에 살며, 끈끈한 빨판이 있는데다가 발이 크고 넓게 벌어져서 나뭇잎이나 줄기에 잘 달라붙을 수 있어요.

엉덩이에 가짜 눈이 달린 개구리가 있어요?

가짜눈개구리의 엉덩이 양쪽에는 커다란 가짜 눈이 달려 있어요. 사실 이 가짜 눈은 눈처럼 생긴 무늬예요. 가짜눈개구리는 적이 가까이 오면 엉덩이를 크게 부풀리며 적을 향해 들이밀어요.
"와! 눈이 크잖아? 큰 동물인가 봐. 도망가자!"
적은 가짜눈개구리를 고양이나 새 같은 커다란 동물인 줄 알고 도망가요. 또 가짜 눈 둘레에서 고약한 냄새가 나는 액체도 나와서 적이 함부로 달려들지 못하지요.

▼ 빨간눈청개구리
적은 빨간눈청개구리를 공격하려다가 빨간 눈을 보고 놀라요. 눈을 감으면 눈동자가 가려지기 때문에 빨간눈청개구리가 사라진 줄 알고 헷갈려 해요.

▼엉덩이에 가짜 눈이 있는 가짜눈개구리
가짜눈개구리의 엉덩이에는 눈과 비슷하게 생긴 눈알무늬가 있어요.

아시아날청개구리는 진짜 날아다녀요?

아시아날청개구리는 아시아와 중앙아메리카의
나무 위에서 살아요. 적을 피해 도망갈 때면
나무에서 나무 사이를 미끄러지듯이 날아가지요.
아시아날청개구리는 물에 사는 개구리처럼 앞다리에도
뒷다리만큼 큰 물갈퀴가 있어요. 이 물갈퀴를 이용해서
종이비행기처럼 날아요.
네 발의 커다란 물갈퀴를 쭉 펴서 날아가면 한번에
15미터까지 날 수 있답니다.

▲아시아날청개구리가 나는 모습
 헤엄을 칠 때 사용하는 물갈퀴가 날개 구실을 해요.
 커다란 눈으로 위험을 빨리 알아채고 먹이를 잘 찾아내지요.

무당개구리는 왜 배를 드러내요?

무당개구리는 위협을 느끼면 적을 피해 도망가거나 숨지 않고 오히려 몸을 드러내며 적과 맞서요. 무당개구리는 위험에 몰리면 등을 활처럼 젖히고, 뒷다리로 버티고 일어서서 새빨간 배를 보여 주지요.
"아, 얘는 독이 있는 개구리지!"
공격하려던 적도 위험을 느끼고 물러나요.

◀고약한 냄새가 나는 무당개구리
살갗에서 고약한 냄새가 나는 액체를 뿜어 적이 다가오지 못하게 하지요.

▲새빨간 배를 드러낸 무당개구리
독이 있으니 잡아먹지 말라고 경고하는 거예요. 이렇게 적이 다가오지 못하게 하는 몸 색깔을 경계색이라고 해요.

알을 업고 다니는 개구리가 있어요?

남아메리카의 열대 지방에 사는 피파개구리는 새끼를 키우는 방법이 무척 독특해요. 짝짓기 때가 되면 암컷의 등 살갗이 두꺼워지면서 스펀지처럼 변해요. 짝짓기가 끝나고 암컷이 물속에 알을 하나씩 낳으면 수컷이 알을 암컷 등에 옮겨 눌러 놓아요. 몇 시간 뒤, 암컷 등의 살갗이 자라서는 알을 둘러싸요. 80일 정도 지나면 알에서 올챙이가 나오지 않고 바로 새끼 개구리가 나온답니다.

★ 피파개구리가 알을 키우는 과정

암컷의 등 살갗이 두꺼워지면서 스펀지처럼 변해요.

암컷이 알을 낳으면 수컷이 알을 하나씩 암컷 등에 옮겨 눌러요.

살갗이 자라서 알을 둘러싸요. 80일 정도 지나면 새끼들이 나와요.

◀ 혀가 없는 피파개구리
혀가 없는 것도 피파개구리의 독특한 특징이에요. 혀가 없는 대신 앞다리로 먹이를 붙잡아 잡아먹지요.

자기 알을 먹는 개구리가 있을까요?

다윈코개구리 수컷은 암컷이 알을 낳은 후 10~20일 정도가 지나면 혀로 알을 자기 입속에 집어넣어요. 놀라지 말아요! 꿀꺽 삼키려는 게 아니라 입속에 있는 울음주머니에서 알을 키우려는 거니까요.
알은 아빠의 울음주머니에서 올챙이 시절을 보내고 새끼 개구리가 되면, 폴짝폴짝 밖으로 뛰어나오지요. 200여 년 전에 찰스 다윈이 배를 타고 지나가다가 발견했는데, 입이 코처럼 뾰족해서 다윈코개구리라는 이름이 붙었답니다.

▲알을 입속에서 키우는 다윈코개구리
수컷이 알을 울음주머니에 넣어 키워요.

▲뒷다리에서 알을 키우는 보모개구리
수컷이 뒷다리에 알을 감고 다니며 키워요.

▲입이 뾰족한 다윈코개구리
몸빛이 초록색이고 입이 가늘고 긴 돌기로 되어 있어요.

양서류 5장 · 개골개골 개구리 미끈미끈 도롱뇽

도롱뇽은 어떻게 움직여요?

도롱뇽은 개구리와 달리 다 자라도 꼬리가 그대로 있어요. 도롱뇽의 움직임은 무척 느려요. 땅 위나 땅속, 나무 위나 웅덩이 바닥 등을 네발로 걷거나 기어서 다니지요.
도롱뇽은 움직일 때, 네 발 가운데 왼쪽 앞발과 오른쪽 뒷발을 힘차게 앞으로 내밀어요.
그리고는 오른쪽 앞발과 왼쪽 뒷발로 땅을 밀며 앞으로 나아가지요.

Animal

이때 몸이 앞으로 나아가면서 옆으로 뒤뚱거려요.
빠르게 움직일수록 더 심하게 뒤뚱거려요.
물론 아무리 느릿느릿 걷는 도롱뇽이라도
위험이 닥치면 재빨리 도망가지요.

▲밤에 사냥하는 노랑무늬도롱뇽
가장 흔한 도롱뇽으로
몸 전체에 노랑 무늬가 있어
노랑무늬도롱뇽이라고 해요.
밤에 지렁이처럼 아주 천천히
움직이는 먹이를 잡아먹어요.

양서류
5장 · 개골개골 개구리 미끈미끈 도롱뇽

가장 큰 도롱뇽은 누구예요?

세계에서 가장 큰 도롱뇽은 일본왕도롱뇽이에요.
보통 도롱뇽은 몸길이가 10~15센티미터지만
일본왕도롱뇽은 50~150센티미터까지 자라요.
그래서 몸놀림이 무척 느려요. 일본왕도롱뇽은 낮에는
물속 바위 틈 같은 곳에 숨어 있다가 밤에만 움직이지요.
머리가 납작하며 눈이 아주 작고 나빠서 냄새와
촉감만으로 먹이를 잡아먹어요. 많이 움직이지 않기
때문에 먹이를 먹지 않고도
몇 주를 버틸 수 있지요.

▼먹이를 사냥하는 일본왕도롱뇽
일본왕도롱뇽은 일본에서만 살아요. 곤충이나 가재, 물고기, 다른 양서류나 연체동물 따위를 잡아먹어요.

Animal

양서류 5장 · 개골개골 개구리 미끈미끈 도롱뇽

영원은 어떻게 헤엄쳐요?

영원은 공기를 들이마시고 몸을 좀 부풀린 다음, 네 다리를 활짝 펴고 물에 떠요. 그러고는 마치 노를 젓는 것처럼 네 다리를 느릿느릿 움직여서 헤엄치지요. 빠르게 움직일 때는 앞다리나 뒷다리만 움직이고, 더 빨리 움직여야 할 때는 네 다리를 모두 움직여요.

▼매끄러운 영원의 살갗
보통 영원의 살갗은 매끄럽고 끈끈한 점액으로 덮여 있어요.
땅 위에서는 네 다리로 느릿느릿 걷지요.

Animal

여기서 끝이 아니에요. 적이 나타나거나 위험을
느끼면 꼬리를 좌우로 내저으며, 몸을 재빠르게
구부렸다 폈다 하면서 아주 빠르게 움직이지요.
그래서 헤엄치는 모습만 보고도 지금 영원이
어떤 상태에 놓였는지 알 수 있답니다.

뱀장어처럼 생긴 양서류도 있어요?

사이렌은 연못이나 늪에 사는 양서류예요. 하지만 몸이 길쭉해서 얼핏 보면 어류인 뱀장어처럼 보여요. 사이렌은 뱀장어와 달리 네 개의 발가락이 달린 앞다리가 있어요. 발가락에는 모두 단단한 각질로 된 발톱도 달렸지요. 이렇게 사이렌이 양서류이면서도 물속에서만 사는 까닭은 사이렌이 아가미로만 숨쉬기 때문에 물을 떠나서는 살 수 없어서예요.

▲뱀장어

▲**멕시코도롱뇽** 사이렌, 멕시코도롱뇽, 아메리카도롱뇽은 다 자라도 알에서 깨어난 상태의 모습에서 생김새가 변하지 않아요.

▼**앞발만 있는 큰 사이렌** 미국 남동부와 멕시코 북동부의 연못이나 늪에 살아요. 갑각류나 곤충을 잡아먹지요.

어린이 과학백과 시리즈
초등 교과 연계표

책 명	학년-학기	교 과	단 원
인체백과	6-2	과학	4. 우리 몸의 구조와 기능
곤충백과	3-1	과학	3. 동물의 한살이
	5-1	과학	5. 다양한 생물과 우리 생활
로봇백과	3-1	국어	2. 문단의 짜임
	3-1	과학	2. 물질의 생성
동물백과	3-1	과학	3. 동물의 한살이
	3-2	과학	2. 동물의 생활
	5-1	과학	5. 다양한 생물과 우리 생활
호기심백과	3-1	과학	5. 지구의 모습
	5-2	과학	1. 날씨와 우리 생활
바다해저백과	3-1	과학	5. 지구의 모습
	3-2	과학	2. 동물의 생활
공룡백과	3-2	과학	2. 동물의 생활
	4-1	과학	2. 지층과 화석
전통과학백과	3-1	과학	2. 물질의 생성
	3-2	사회	2. 시대마다 다른 삶의 모습
우주백과	3-1	과학	5. 지구의 모습
	5-1	과학	3. 태양계와 별
장수풍뎅이 사슴벌레백과	3-1	과학	3. 동물의 한살이
파충류백과	3-1	과학	3. 동물의 한살이
	3-2	과학	2. 동물의 생활
	5-1	과학	5. 다양한 생물과 우리 생활
벌레잡이·희귀 식물백과	4-1	과학	3. 식물의 한살이
	4-2	과학	1. 식물의 생활
세계 최고·최초백과	3-1	과학	5. 지구의 모습
	5-1	과학	3. 태양계와 별
	6-2	사회	3. 세계 여러 지역의 자연과 문화
발명백과	3-1	과학	2. 물질의 생성
	4-2	과학	3. 그림자와 거울
드론백과	3-1	과학	2. 물질의 생성
	5-2	과학	3. 물체의 빠르기
인공지능백과	4-1	과학	1. 과학자처럼 탐구해 볼까요?
	5	실과	6. 생활과 정보
	6	실과	3. 생활과 전기 전자
			4. 나의 진로
공상 과학 곤충 도감	3-1	과학	3. 동물의 한살이
	3-2	과학	4. 나의 진로

일상 속 흥미로운 과학 법칙을 찾아라!

《퀴즈! 과학상식-과학 법칙》에서 어렵기만 한 과학 법칙을 흥미진진한 호기심 퀴즈 23개로 만나 보세요.

도기성 저/김혜진 감수

재밌는 만화로 배우는
퀴즈! 과학상식 현 88권